KB233227

분수가 그리운 시대

픈수가 그리운 시대

속살이, 내장이 훤히 죄다 보인다
완벽하리만치 선명하게 드러나 보이는 빙어 닮았다
본디, 태어날 때부터 존재해 있었던 게 틀림없다
허점투성인 내 모습 위에 글이라는 명분의 유약을 발라
자랑할 것도 없는 발가벗은 이야기들을
감나무에 홍시 열린 것처럼 주저리주저리 달아놓고
픈수처럼 좋아라, 한다

볼이 발그스레하던 두 딸과 함께 살아 온 긴 시간들
이제는 제짝들을 만날 때가 되었다
켜켜이 쌓인 얼음처럼 녹지 않고 있는 무량한 이야기들
녹여야겠다, 이제는

잇몸이 부었다. 치과에 가서 붉은 피를 뽑아내었다
사그라졌다, 봄꽃처럼, 하
느낄수록 눈물겨운 봄이다
봄볕에 말리운다, 몸속, 아롱아롱 가득 차오르는 아지랑이

다행이다
푼수처럼, 백치처럼 사는 일이
내가 살아낼 수 있는 방법이라는 걸 일찍 터득한 것이
참 다행이다
하루하루, 온 힘을 다해 사는 길만이
나로선 선택의 여지 없는 방법이었다
하루들이 모여 긴 날들이 되었다
수많은 날들 안에 나만의 꿈 집이 생겼다, 아
'김하리'는 참 행복한 사람이다, 여자다, 시인이다

모습도, 웃음소리도, 말하는 것도, 성격도 푼수 같다
푼수 같은 '김하리'가 좋단다
내가 진정 사랑하는 사람들
다함께 푼수가 된다, 푼수끼리는 즐겁다, 행복하다
따스한 봄볕 아래, 머릴 조아리고, 말없이
손을 맞잡고 그냥, 하냥 웃는다. 그래서
우리는 매일 그립다
서로 사랑하는 게 틀림없다

얄밉도록 하늘이 파란 오월
그리고 2008년
김하리

푼수가 그리운 시대

| 차례 |

푼수가 그리운 시대

| 차례 |

푼수가
그리운 시대
김하리 시인의 수필낭송

탐레코드

수필낭송(CD)

| 차례 |

작고 소중한 것들에 대한 명상

인연

　'인연'을 사전에 찾아보면 '서로의 연분', '어느 사물에 관계되는 연줄', '인과 연 곧 결과를 만드는 직접적인 그 원인과 협동하여 결과를 만드는 간접적 힘이 되는 연줄'이라고 되어 있다. 불교에서는 더 구체적으로 말하고 있다. 인연은 겁으로 이루어져 있으며 '겁'이란 '천지가 한 번 개벽할 때부터 다음 번에 개벽할 때까지의 동안'이란 뜻으로 매우 길고 오랜 시간이라고 한다. 인도에서는 범천의 하루 곧 인간계의 4억 3,200만년을 '겁'이라고 한다.

천겁은 같은 하늘 아래 같은 땅에 사는 연이 천겁이요
이천겁은 만나는 모든 인연이요
삼천겁은 하룻밤 함께 유숙하는 연이며
오천겁은 친구사이 연이며
육천겁은 애인의 연이며

칠천겁은 육체관계를 맺는 연이며
팔천겁은 부부의 연이며
구천겁은 형제의 연이며
일만겁은 자식과 부모의 연이라고 한다.

세상에 태어나 부모, 형제의 연을 맺고 살아가면서 친구, 애인, 이웃과 인연을 맺으며 살게 되어 있다. 더 깊이 들어가면 사람뿐만 아니라 자연, 동물, 사물하고도 인연을 맺는다고 볼 수 있다. 때론 연을 맺었다가도 불가항력으로 끝낼 수밖에 없을 때는 나름대로의 고통과 아픔과 괴로움 등 세상에서 동원할 수 있는 어휘라면 모두 가슴에 안고 고심했을 것이며 마침내 선택했을 것이다.

인연은 참으로 소중하다. 인연을 소중히 하며 평생을 살았다면 나름대로 잘 살아 온 인생이라 말할 수 있다. 인연은 보이지 않는 거대한 힘을 갖고 있어서 인간의 힘으로 바꿀 수 없는 그 무언가가 있다. 살아가면서 언제 누구를 만날 것이며 누구와 사랑을 할 것이며 누구와 사업을 할 것이며 누구와 친구가 될 것이며 누구와 부부가 될 것인가 하는 것들은 계획되어 있지 않다. 신기하게도 인연에 의해서 만나게 될 사람은 만나게 되고 헤어지게 될 사람은 마음 먼저 멀어진다. 헤어졌다고 해서 굳이 악연이라 표현하는 것은 좋지 않다. 그저 그 사람과의 인연의 끈이 여기까지려니 생각하면 된다.

사랑하던 연인도 이별을 하고, 검은 머리 파뿌리 될 때까지 사랑하며 살겠노라 결혼식을 하고 자식 낳고 오랫동안 부부의 연을 맺고 살던 부부도 이혼을 한다. 이별한 사람을 붙들고 왜 헤어졌는가 마음이 어떠한가 물어보면 그들만의 구구절절한 사연과 이유들이 있을 것이다.

세상 모든 것들에게는 이별이든 죽음이든 시작이 있으면 끝이 있게 마련이다. 헤어질 때 그 동안 죽지 못해 어쩔 수 없이 살았었다는 표현은 하지 말아야 한다. 한때는 죽도록 사랑한 적이 있었음을 기억하라.

혼자 된 사람들에게 상처를 주는 행동이나 말 또한 조심해서 해야 한다. 그렇게 말한 사람도 언젠가는 혼자 될 수 있음을 기억하라. 영원히 사랑할 수 있는 마음이 있는 것도 아니며 알콩달콩 살 수만은 없다는 것을 생각한다면 함부로 남의 아픈 사연에 끼어들지 말아야 한다. 함부로 말하거나 행동하는 일은 범죄행위나 마찬가지이다.

불교의 인연법으로 말하자면 다시 태어나 어떤 인연을 맺게 될지는 아무도 모른다. 현재 나와 연관된 모든 인연들을 소중하게 여기며 아껴 주고 사랑하면 되는 것이다.

스스로 성장

누구에게나 나름대로 크고 작은 슬픔과 고통이 있다.

남이 볼 때는 뭐 그 까짓것 갖고 그러냐고 그럴 수도 있고, 남들은 모두 나보다 행복하게 살고 있을 거라는 생각도 하게 된다. 그러나 불혹의 나이가 지나고 삶이 뭔지 조금 알 나이가 되면 그런 부질없는 망상은 사라지고 삶에 순응할 줄 아는 지혜가 생기게 된다. 그래서 나잇값을 한다는 말이 생겼구나 싶다.

사람마다 주어진 깜냥이 다르다는 것을 알고 내게 주어진 운명 혹은 길이라면 피하지 말고 부딪쳐 보자라는 용기, 때로는 재미있을 거라 흥미까지 생기면서 그래, 이것도 내 팔자여서 고통도 잘 길들이면 기쁨이 된다더라는 식의 편안함까지 갖게 되면 삶이 그저 고맙고 재밌어지더라는 것을 배운다.

개인적으로는 '팔자' 라는 단어를 좋아하지 않는다. 어렸을 적에 어른들이 곧잘 팔자운운하면 무척 무식하게 보였으나 이제는 그 단순한 의미가 무엇인지 알 것 같아서 어쩌다 꼭 들어갈 자리에 양념처럼 써먹으면 그런대로 담백한 맛이 나는 것 같아 때로 사용하기도 한다.

25년도 넘었나보다. 신문을 보다가 내 눈길을 강하게 붙잡고 놓아 주지 않는 글귀가 있어 오려서 아직까지 일기공책 갈피에 붙여 놓고 힘들 때마다 꺼내어 읽곤 한다. 누렇다 못해 거무스름하게 변한 신문지는 삭아 버렸지만 내 오랜 숨결과 손길과 마음을 여러 번 채색해준 글귀만큼은 아직 생생하다. 아니 더 파랗게 살아있다.

파란 색연필, 빨간 색연필, 볼펜 등으로 여러 겹 줄친 것을 보면서 아, 내가 이렇게 힘들었나보다, 이 글귀가 훌륭한 스승이 되어 주었구나 싶어 진한 감동이 밀려온다. 외롭고 힘들고 고통스러울 때마다 내 가슴에 억지로라도 새기려고 손가락 끝 아니 온 가슴으로 줄을 그어가며 자신을 추스르려 애쓴 흔적을 보면서 소리 없는 웃음이 눈물 반 섞여 나왔다.

거울을 보다가 사진들을 꺼내어 나이별로 쭉 나열해 본다. 눈가에 주름은 늘고 나이는 들어보여도 애쓴 흔적들이 이제는 편안한 한 중년여자의 모습이 되어 더 애틋하고 자랑스럽고 넉넉해 보인다.

물은 역류할 수 없듯이 우리 인생도 물 흐르듯 흘러가야 하는 것처럼, 내용만 오려서 누가 쓴 글인지는 잘 모르지만 내 인생의 지침서처럼 살아 온 그대에게 복이 있으라고 기도했다. 그리고는 스스로가 참 잘했다 싶을 땐 내게 '상장'을 수여하곤 했는데 오늘도 정성스럽게 상장을 써서 거울을 보며, 내게 상장을 수여했다.

누구나 살면서 힘들고 외롭고 슬프기도 하고, 고통스럽고 때론 자살의 유혹을 느낄 때도 있겠지만 별별 공상과 상상과 꿈꾸기, 사랑도 하고 이별도 하며 사는 것은 인간이기에 누리는 특권이리라.

인생 그렇다잖는가. 개똥밭에 굴러도 이승이 낫다고.

난 그렇게 말한다. 힘들거나 슬프거나 죽고 싶을 때도 웃어라. 바보 같으면 뭐 어때. 바보가 되어 웃다가 내가 행복해지면 좋은 거지. 친구가 없어 외롭다고? 친구가 없으면 어떤가. 벽을 친구라 생각하고 무슨 말이든 지껄이면 되지. 누가 미쳤다고 그러면 어쩌냐고? 그러면 어떤가. 내가 아프면 세상 그 누구도 나를 구해줄 수 없는데. 힘들 땐 뽕짝이나 고고나 신나는 음악 틀어 놓고 몸 가는대로 마음껏 신나게 흔들라고 말한다. 최대한 목소리를 크게 해서 따라 불러도 보고, 극장이나 영화관에서 아무 생각 없이 사람들 틈에 끼여 싸돌아 다니다보면 어느 틈에 외로움이나 슬픔이나 고통도 사라진다고.

그렇게 저렇게 수련된 시간들을 보내고 났더니 이제는 외로워 할 시간 심심할 시간조차 없어져 버렸다. 그야말로 고통들을 잘 다스려 자유를 얻었다는 생각이다. 시간을 쪼개서 책도 읽어야 하고, 글도 써야 하고, 밥도 해야 하고, 청소도 해야 하고, 안부전화도 해야 하고, 강아지들 밥도 줘야 하고 목욕도 시키고 이발도 해줘야 하고 개똥도 치우고, 카페방문도 해서 아무개 아무개한테 댓글도 달아 줘야 하고, 가끔은 연극이나 영화도 봐야 하고… 손톱 소제할 시간도 없이 바쁘게 보내다보니 외로워할 시간도 불면의 밤도 없어졌다. 정말 그렇다. 모든 것들은 저마다 하기 나름, 마음먹기 나름이다.

많은 시간을 컴퓨터 앞에 앉아 있어 똥배도 조금씩 나오지만 개의치 않는다. 특별하지 않은 평범함을 즐길 줄 아는 여유도 생겼다. 나이 먹는다는 게 이런 점이 참 좋다. 살아있다는 것에 그저 고마워할 줄 아는 것 역시 나이를 먹으며 저절로 터득된 지혜이다. 나는 여전히 가끔 나에게 상장을 수여하고 있다.

고향의 뜰

-가뭇하니 점 하나 찍어놓고

　　　　뒤돌아볼 겨를 없이 달리기 선수처럼 앞만 보고 열심히 달려 온 듯하다.

아이들이 학교를 졸업하고 어느 정도 성장하고 나서 마음에 여유가 생기게 되자 친구들 소식과 고향의 일들이 궁금해지고 그리워지기 시작했다. 마음을 비우고 여유가 생길 나이가 되면 살아 온 날을 돌아보게 되고 그 길목에서 인생의 허무가 보인다고 한다. 비어 있는 가슴의 가장자리로 비집고 들어오는 그리움의 무대가 내가 태어난 고향과 친구들로 꽉 차게 되면서 절절히 궁금해지고 소식을 듣고 싶은 마음은 인지상정이라 할 것이다. 어느 날 문득 거울 속에서 어느 곳에서나 흔히 볼 수 있는 중년의 아줌마, 아저씨가 되어 있는 자신을 발견하게 되고, 고향에서 함께 자라 온 친구들이 그리워지기 시작하면서 마음은 옛날 어린 시절로 돌아가고 싶어진다.

나는 줄곧 일을 해왔기 때문에 친구들 만날 시간이 없었던 터라, 고향과 친구가 더 그립고 궁금했다. 나를 제외한 친구들은 10 여 년 전부터 만남을 가지고 있었다. 고향에서 함께 자랐으므로 모두들 한 어머니 밑에서 자란 것처럼 스스럼이 없었다. 나 혼자 밀려난 듯 소외감이 없지 않았지만, 그 시간들을 다른 것으로 채웠다는 것으로 만족할 수밖에 없었다.

몇 번의 동창, 동문 모임에 참석해 보았는데, 너나없이 변한 모습에 어색했다가 금세 알아 볼 수 있었던 것도 한 고향에서 자랐기 때문이리라. 선후배 할 것 없이 함께 멱 감던 초등학생이 되어 추억을 건져내는 일은 더없이 행복했다.

고향을 그리워하고 궁금해 하는 것은 인간이 가진 본래의 감성이며 인성이다. 디지털 시대에 살고 있는 요즘 인터넷 메일과 문자 메시지, 그리고 동영상 등을 통해서라도 친구와 고향 소식을 접하며 잠시라도 아스라한 행복감에 젖을 수 있다는 것도 다행스러운 일이다.

'아무개가 이렇게 변했네…'

'어머, 이곳이 이렇게 변했네…'

'그 사람 참 좋은 사람인데, 좀 더 살아야 했는데, 웬일이여…'

작은 골목 담장 사이로 나비처럼 뛰어가며 땅에 하얗게 떨어진 감꽃을 한

줌 가득 주워 목걸이 만들어 걸고 다니던 기억, 마당에 빗질로 그어진 빗금 따라 요리조리 비틀거리며 걸어가면 그림자와 잠자리도 따라오던 한 여름 낮의 풍경, 인견공장에서 울려나오는 철커덕철커덕 방직기계 소리 따라 하얀 인견천이 곱게 짜여 나오던 아득하고 그리운 풍경들이, 눈 감고 있으면 가슴 밑바닥서부터 누에고치 실 뽑히듯 뽑혀져 나온다.

바다

사람마다 가슴 속에 바다 하나쯤은 품고 살아간다 한다.

고향 닮은 바다를, 마음의 눈으로 그리워하며 찾아가기도 한다. 육안으로 보이는 바다만이 바다는 아니다. 때로는 어머니도 고향도 사랑하는 사람도 나의 바다가 된다. 바다는 그리움이기 때문이다.

일찍 고향을 떠나 서울에서 30년 넘게 살다보니 살아갈수록 아스라한 그리움으로 떠오르는 고향. 고향이 내 가슴의 바다에서 출렁인다.

햇빛 잘 드는 마루에 누워 눈을 감고 있으면 아스라한 기억들이 파란 싹처럼 푸릇푸릇 어찌나 살뜰하게 떠오르는지 잠시 동안이지만 행복하다.

내 고향의 바다는 따사롭고 그리웁고 애절하다.

언젠가 밤의 경부고속도로를 멍하니 바라보다가 그런 생각이 들었다. 저 고속도로를 따라 가면 내 고향에 갈 수 있고 좀 더 가면 푸른 아침바다와 밤바다를 볼 수 있을 텐데.

그런 생각을 하는데 눈앞이 온통 안개로 덮여 왔다. 안경알이 젖어들었다.

길게 늘어선 경부선 고속도로 가로등 불빛이 바다와 고향으로 겹쳐져 파
도처럼 출렁거렸다.

> 밤이면 모로 누워
> 그리움을 낳기도 하는
> 코끝에 걸린 바다
> 주머니 속의 내 바다
> 푸르게 출렁이며
> 한 뼘씩 웃자라는
> …… (중략)
>
> 이제 너 없이는
> 홀로 설 수가 없을 것 같아
> …… (중략)
> 코끝에 걸린 바다
> 주머니 속의 내 바다.
> — 바다〈안경〉— 일부

산하

-내 니 맘 다 안데이-

말간 햇빛에 주렁주렁 달린 사과가 바람결에 산들거리며 빨갛게 익어가는 과수원 풍경이 내 가슴의 고향에서 가장 먼저 떠오르는 정경이다. 소백산 아래 자리 잡고 있는 내 고향의 산 아래로는 논밭 대신 인삼밭이 펼쳐져 있고 유난히 과수원이 많다.

사춘기 때의 나는 좁고 긴 돌둑방길을 걷는 게 참 행복했다. 둑방길 맨 마지막에 있는 과수원이 친한 친구 집이어서 거의 매일 노래를 흥얼거리며 친구 집에 갔다 오곤 했다.

까치발로 턱을 올리고 바라보면 저만치 인삼밭이 있고, 조금만 고개를 돌리면 소백산에서 불어오는 바람에 사과며 인삼이며 곡식이 익어가는 풍경이 펼쳐지며, 사람들 가슴마다에는 사랑이 커져 갔다. 고향을 어머니 품속 같다고 말하는 이유가 이런 느낌 때문이리라.

작년 여름 고향에 갔다가 서울로 돌아오는 이른 아침, 소백산을 감싸 안고 있는 안개와 구름이 어찌나 웅장하며 아름답고 황홀한지 도저히 그냥 지나칠 수 없어서 차를 세우고 끄적거렸다.

> 내 니 맘 다 안데이
> 말 안해도 다 안다카이
> 밤새 울다 지쳐 누운 몸 위로
> 아롱아롱 피어 오른 안개가
> 다하지 못한 니, 그리움이란 거
> 내, 다 안데이, 다 안다카이
> 어쩌지 못한 하 많은 사랑을
> 그토록 오래 가슴에 담아 두었구나
> 그래 다 안데이 죽고 싶도록
> 몸부림 친 몸짓이라는 거
>
> 칡넝쿨 같은 죽령 길
> 허리 칭칭 감고 저리도 다하지
> 못했던 이야기들을 흠뻑 젖은
> 온 몸으로 말하려 하는
> 내 니 맘 다 안데이.
> 　　　-내, 니 맘 다 안데이〈소백산에게〉- 전문

운동화

　　내가 즐겨 신는 신발은 운동화다. 똑같은 운동화가 여러 켤레 있다. 운동화를 즐겨 신다보니 자연히 옷차림도 티셔츠에 점퍼, 바지를 입게 된다. 바쁠 땐 남보다 시간 절약도 되고, 구두를 신을 때처럼 발을 삐거나 스타킹에 구멍 날 염려 안 해도 되니 더 좋다. 발이 편안하니 걸음걸이가 자신감 넘쳐 보이는지 나이보다 훨씬 적게 봐주니까 기분도 좋아진다.

　　행사가 있는 날이나 중요한 손님을 만날 때는 정장을 입지만 옷도 자유롭게 입는 편이다. 옷을 어떻게 입느냐가 인격의 바로미터라는데 다행히 작업복을 입고 모자를 써도 예술가로 봐준다. 정장을 입으면 사감선생 정도로 본다. 자기에게 맞는 편안한 옷을 입으면 행동도 마음도 편안해진다.

　　구두를 사면 십년을 신어도 말짱하다. 잘 신지 않기 때문에 유행 타지 않는 스타일로 구입한다. 운동화는 처음 살 때 세 켤레를 한꺼번에 구입해서 3년 정도 신다가 마음에 드는 운동화가 있으면 같은 걸 또 산다. 이렇게 사는 데는 이유가 있다.

발 사이즈가 작은 데다 발에 살이 없어서 발등을 덮지 않으면 벗겨져서 걷기가 힘들다. 그래서 구두도 맞춤으로 해야 하는데 반드시 끈이 있거나 발등을 덮는 디자인으로 해야 하는 번거로움이 있다. 발사이즈가 220~225 중간이다. 아동화 느낌이 나지 않는 것으로 벗겨지지 않는 운동화가 있다면 무조건 몇 켤레 사고 본다. 그러면 그것만 계속 신고 다니기 때문에 몇 년 뒤에는 다 너덜너덜해진다.

예전엔 어른용으로 나온 운동화도 220, 225 사이즈가 많더니만 요즈음은 230부터 생산된다고 한다. 맞는 사이즈를 구입하려고 아동화 코너에 가면 알록달록 만화 그림이 그려져 있거나 삑삑 소리 나고 야광처리된 것들이다.

마음에 드는 단화구두나 운동화가 발견되면 송곳으로 좌우에 구멍을 뚫어 가죽 끈을 넣어 발목에 칭칭 동여 매여 신는다. 가끔 구두를 선물받기도 하는데 다행히 수경이와 발사이즈가 같아서 구두는 수경이가 신는다.

얼마 전에는 산에 많이 다니는 스님들을 위해서 어느 불자가 코르크로 특

수 제작된 신발을 만들었는데, 불교시를 쓰고 찬불가를 만드니까 내가 산에 있는 절에 자주 다니는 줄 알고 선물을 했다. 225사이즈인데 벗겨져서 도저히 신을 수가 없었다. 가격도 만만찮은 데다 그 분의 성의를 생각해서 신어야겠다는 생각에 하는 수 없이 새 신발에 과감히 구멍을 뚫어 끈으로 동여매고 신고 다닌다.

고등학교 때까지만 해도 작고 아담한 내 발은 인기가 있었다. 발이 어찌 이렇게 깜찍하고 예쁘냐며 기념사진이라도 찍자고 내 발을 높이 쳐들고 함께 사진 찍은 선생님도 있었다. 그런데 지금은 발 작은 장애인(?)이 된 듯하다. 국민 평균 신장도 커지고, 손발도 점점 커지는 세상에서 살아내야 하는 나의 작은 발의 고충은 힘겹다. 우리 딸들도 재고정리하는 신발 가게 앞을 그냥 지나치는 법이 없다. 엄마 사이즈가 있나 뒤적거리다가 맞는 사이즈를 발견 하면 보물이라도 찾은 양 호들갑을 떨며 전화를 하고 무조건 사들고 온다. 어제도 재고 정리하는 신발가게에서 225가 있다면서 큰딸이 까만 운동화를 사 왔다. 사이즈가 작은 운동화는 70% 이상 싸게 판다며 무척 비싼 신발을 공짜나 다름없는 가격에 샀다 한다.

옛날 중국에서는 여자를 도망가지 못하게 한다고 전족이라든가, 꽁꽁 동여매어 억지로 작게 만들었다고 하는데 나는 이게 무슨 고통인지 모르겠다. 몇 십 배나 무거운 내 체중을 지탱해 주며 수 십 년을 보살펴 준 발에게 상장이라도 줘야겠다.

소중한 발을 위해 더 정성껏 발을 씻고 전용 로션도 발라야겠다. 신발장에 가지런히 놓인 여러 켤레의 운동화도 오늘 따라 무척 소중해 보인다.

고향의 호랑이 담배 피던 시절

-아스라한 기억 속에 묻힌 추억들-

호랑이 담배 피던 시절이라 함은 아득한 옛일을 말할 때 극적 효과를 높이기 위한 표현이다. 담배가 우리나라에 전해진 것은 1614년 이후이고, 호랑이 담배 피던 시절이라는 말이 생긴 지는 약 100년 정도 되었다고 한다. 누구에게나 호랑이 담배 피던 시절이 있다. 사람마다 아득하다고 생각되는 시점이 있고, 나이가 어려도 흘러가 버린 먼 시간들을 나름대로 호랑이 담배 피던 시절이라 생각할 수 있겠다 싶다.

1950년대 중반에 태어난 내가 어린아이들이나 초중고등학생들한테 어린 시절 이야기를 해주면 동화책에나 나오는 이야기를 읽은 것마냥 아주 신기해한다.

다섯 살 때 어머니 따라 미장원에 가서 파마를 하는데 파마기구가 무서워 눈물이 그렁그렁하면서도 예뻐진다는 생각에 꾹 참고 있었다. 그 때 머리카락 타던 냄새가 아직도 생생하니 기억에 남아 있다. 부지깽이 비슷한 기구를 시뻘건 불에 달궈 머리카락을 돌돌 말면 뽀글뽀글하게 됐던 기억.

내 고향에는 나무펄프를 채취해서 인견천을 짜는 공장이 많았다. 여자들이 길게 앉아 달레이(북)를 좌우로 움직이면 철커덕 소리와 함께 하얗고 긴 실들이 줄줄 엮어져 나오면서 옷감이 만들어졌다. 전기가 귀한 시절이라 가로등이 없어 캄캄한 밤길을 상대방의 발소리와 목소리만으로 인사하며 지나가던 일. 전교에서 몇 명 빼고는 보자기에 책을 싸서 어깨에 메고 다니던 학생들. 고무신을 철사나 실로 여러 번 꿰매 신고, 몇 번이나 덧대어 꿰매 입은 옷, 식량이 모자라 학교에서 급식으로 주는 밀가루, 옥수수 빵과 우유가루를 타 먹던 일. 머리와 몸에 이가 많아 담임선생님이 줄을 세워놓고 디디티를 뿌려주던 일, 대변을 보면 손바닥길이만한 해충이 나왔던 때라 봄마다 봉투에 대변을 받아 학교에 내서 검사를 받던 일. 70년대 초의 미니스커트와 장발 단속— 버스마다 콩나물시루처럼 사람들을 잔뜩 태우고 차장(승하차 안내원)이 버스 문에 대롱대롱 매달려 문을 두드리며 오라이~ 하던 모습들이 지금 어린 학생들에겐 생소한 옛날이야기처럼 들리겠다. 우리 나이 많은 사람들에겐 호랑이 담배 피던 시절의 이야기이다.

고향의 여름 햇살

-아무도 모르겠지-

서울에 오면서 아파트에 살게 되었다. 내 딴엔 조금이라도 시골스럽게 사는 게 나을 것 같아서 5층 아파트를 고집했다. 5층 아파트는 공유면적이 많아 길이 넓고 나무를 많이 심어 놓아서 다소 시골 같은 분위기가 나기 때문이다. 나무가 많으면 그만큼 흙도 많다. 아파트 길바닥은 시멘트라 그렇다 하더라도 비가 온 후 나무 밑으로 가면 흙냄새를 마음껏 맡을 수 있었다.

지금은 재개발한다고 공사중이지만 15년 여 사는 동안 나름대로 고향 비슷한 냄새를 맡으며 자그마한 행복을 누리곤 했었다. 비 오는 날에 가는 길, 눈 오는 날에 가는 길, 햇빛 쨍쨍한 날 가는 길, 봄, 여름, 가을, 겨울에 가는 길을 따로 정해 놓고 다녔다. 골라서 다니는 재미가 얼마나 쏠쏠한지는 해본 사람만이 안다.

몇 동 담벼락엔 봄이 되면 개나리꽃이 흐드러지게 피고, 몇 동 담벼락에는 찔레꽃 향기가 진동하고, 벚꽃 피는 봄엔 굳이 진해나 여의도까지 가지 않아도 우리 아파트엔 분홍색 불을 지른 것처럼 어찌나 멋있고 아름다운지 무척 자랑스러웠다. 늦은 밤에도 자다 말고 그 풍경을 보고 싶어 뛰쳐나갔던 일이 한두 번이 아니었다. 어디 그 뿐인가. 비 오는 날 밤에는 나만이 알고 있는 가로등 밑에 가서 불빛에 비 떨어지는 모습이 어찌나 아름다운지 혼자서 감탄사를 내뱉으며 쳐다보았다.

무더운 여름날은 시장 다녀오는 길에 풀밭에 앉아 아이스케이크 하나 깨물어 먹으며 매미소리 풀벌레 소리도 듣고, 작은 풀꽃 생김새와 무리지어 오가는 개미행렬을 지켜보며 흙냄새를 맡으면서 고향에 계시는 부모님도 생각하곤 했다. 도심 아파트 귀퉁이에서는 더 이상 그럴 수 없게 되었지만 아직도 습관을 버리지 못하였다. 가끔 흙냄새가 미칠 듯 그리워지면 흙이 있는 곳으로 달려가 흙을 파서 손바닥에 놓고 코를 박고 킁킁거리는 고약한 습관이 있다는 비밀은 아무도 모르겠지.

가슴 가득
차고 넘치는 사랑

<h1>가을 안부</h1>

　　10월이 며칠 남지 않은 어느 가을 오후였다. 이혼하고 몇 년째 혼자 살고 있는 A한테서 전화가 왔다. 술에 취한 것도 같고, 실컷 울다 전화한 듯한 목소리였다. 서걱거리는 갈대소리가 전화선을 타고 들려왔다. 양수리라고 했다. 제발 와달라고 몇 번이나 전화를 하는 것이었다. 내키지 않아 그냥 있으려니 마음이 편치 않았다.

　　어둠이 자욱이 내려앉을 즈음 그녀를 만났다. 일 년 만에 만난 그녀는 무척 야위어 있었다. 하나 있는 딸은 외국으로 보내고 혼자 살면서 여러 가지로 힘든 상태인 데다, 외로운 게 가장 힘들다며 연신 죽고 싶다고 했다. 내심 가길 잘했다는 생각이 들었다. 함께 어둑한 강둑을 걸었다. 문득 가까운 곳에 아는 화가가 살고 있는 것이 생각나서 전화했더니 반가워하며 당장 오라고 한다.

　　죽고 싶을 땐 모든 것들을 잊고 그냥 웃고 즐기는 것도 좋은 방법이다. 나 역시 가장 힘들 때, 순간적으로 죽으려 해본 적도 있었기 때문에 어리석은 짓이란 것을 알지만 순간적으로 저지르는 심적 충동 또한 이해할 수 있기에 그녀한테 달려간 것이었다.

화실 마당에 모닥불을 피워 놓고 몇 시간 동안 그림과 사는 일에 대해 이야기하고 웃고 떠들면서 그녀도 얼마간 회복이 되는 듯 했다.

조금 후에 그 곳을 찾아 온 남자가 있었다. 재즈 음악을 하는 분이었다. 기타를 치며 불러준 로라 피기의 'Autumn Leaves'와 'Let There Be Love'는 환상적이었다. 라이브여서일까, 쌓아 놓은 장작더미에서 활활 타오르는 불꽃과 함께 남자는 로라 피기보다 노래를 훨씬 더 잘 불렀다.

늦은 밤 강변을 따라 돌아오는 길, 차 안에서도 그가 노래를 불러 주었다. 꽤 긴 날들 동안, 기타 치며 노래 부르던 그 밤의 풍경이 끊어지지 않고 명주실처럼 팽팽히 연결되곤 했다. 시간이 흘러 조금씩 끈이 느슨해질 무렵, 그에게서 전화가 왔다.

"반포에 사신다는 소릴 듣고, 무작정 반포에 와 있습니다. 병원과 친한 사람이라 강남성모병원 앞입니다."

그래서 친구가 된 그와는 꽤 오랫동안 좋은 음악 속에 빠져 한동안 행복했다. 그가 노래하는 곳에 가면 언제나 무대에서 내가 좋아하는 노래를 불러 주었다. 내게 바친다는 말도 잊지 않았다. 그와 있으면 세상 모든 것들이 아편처럼 중독되어 묘한 행복감에 사로잡히곤 했다.

그러나 그렇게만 살 수는 없었다. 해야 할 일이 많다는 걸 절실하게 느끼면서도, 그의 몽환적인 매력에서 빠져나오기가 힘들었다. 아마 나도 그를 좋아한 것 같았다. 꿈속에서만 살 수 없는 걸 뻔히 알면서도 차마 내치지 못했다. 그렇지만 나는 홀몸의 가장으로서 냉혹한 현실을 살아내야만 했다.

두 번의 가을을 그와 보내고 몹시 추운 겨울 날, 어떤 언질도, 인사도 남기지 않은 채 그의 전화를 받지 않았다. 집 근처에 왔다는 걸 알면서도 만나러 나가지 않았다. 튼튼하고 팽팽하게 이어졌던 긴 명주실 몇 가닥이 툭, 끊겼다.

아직까지 그의 목소리만은 가늘게 이어져 있어, 올 가을에도 그가 불러주었던 노래를 들으면서 안부를 묻는다.

그대에게 드리는 편지

몇 번이나 그대에게 보낼 편지를 쓰려고 펜을 들고 앉았습니다만, 이렇게 망설였던 일은 처음입니다. 한 줄의 안부조차도 적질 못하고 여러 날이 지났습니다.

그만큼 그대에게 보낼 무언가를 쓴다는 일이 무척 어렵고 조심스러운가 봅니다. 그도 그럴 것이, 참 많이 아픈 그대 마음의 생채기를 덧나게 하지나 않을까 하는 조바심과 약간의 두려움도 있었습니다. 감히 함부로 위로의 말을 할 수도 없고, 나를 좋게 봐주고 있다는 치우침을 고려해서 짧은 메일을 보내긴 했습니다만, 보내놓고도 내내 가슴 한켠에서 은근히 불안감이 솟아오릅니다. 다분히 사무적인 냄새가 풍겨날 짧은 메일을 통해서 어쩜 잠깐 동안이라도 그대에게 위로가 될 수 있을까… 그저 가슴이 아려옵니다. 그럼에도 불구하고 메일이라도 자주 보내겠다는 약속을 했었지만 어떤 장문의 편지보다도 몇 배나 무거운 생각을 해야 한다는 것에 부담을 느끼는 것 또한 사실입니다. 편지는 보내면 이미 그 땐 제 것이 아니라는 것을 잘 알기에 이토록 망설여집니다.

출근길, 길게 벋은 콘크리트 신작로를 걸어가면서, 코끝에 강하게 스치는 봄 오는 소리를 들었습니다. 얇은 속옷을 받쳐 입을 정도로 쌀쌀하지만 뾰족이 머리를 내밀고 있는 놀라운 생명력의 쑥이었습니다. 쑥을 보면서, 그대도 병마를 툭툭 털고 일어나 평생 하던 노래 다시 부르는 소리를 듣고 싶습니다. 지금쯤 병실 창문 밖에서 비쳐드는 환한 아침햇살을 누워서 바라볼 그대 눈빛이 생각나 많이 아픕니다. 이 햇살을 함께 나눌 수 있다면 얼마나 좋을까?

며칠 전, 오늘도 많은 세포들이 죽어 갔다며 전화선을 타고 전해 주던 쓸쓸한 목소리가 가슴을 시리게 합니다. 그래도 제발 용기 잃지 말아요. 외로워하지 말아요. 아픈 것은 참을 수 있는데 쓸쓸한 게 무섭다, 라던 말이 더 쓰리게 가슴을 후벼 팝니다. 알아요. 나도 알아요. 그대만큼이야 아프진 않겠지만…

가까이 있다면, 그대가 너무 쓸쓸한 날은 가서 손이라도 잡아 주며 작은 목소리로 노래라도 불렀겠지요. 쑥이라도, 하다못해 들꽃이라도 꺾어 그대 머리맡에 놓아 드릴 텐데.

정말 미안해요. 이 편지를 읽고 씨익 웃는 그대 모습이길 바라요. 오래, 아주 오래 웃길 바랍니다. 언 땅을 비집고 올라오는 파란 새싹들처럼 기운을 내서 예전처럼 무대에서 노래 부르는 멋진 그대 모습 보기를 기도합니다. 파릇한 쑥 몇 잎과 봄기운과 저의 기도를 함께 동봉합니다. 가만히 귀 기울여 들어 보세요. 나뭇가지 끝마다 움트려고 속삭거리는 소릴 들어 보세요. 이 찬란한 봄을 몽땅 그대 병상 머리맡에 선물로 보내드립니다. 또 편지 드리겠습니다. 할 수 있다면…

2007년 2월 12일
김하리

내 너를 만난 후

-사도에게-

내 너를 만난 후
오히려 다 말로 표현할 수 없었다
너를 내 가슴에 품는다
생각하는 날부터는, 글쎄
누군가는 알 수 없지만
기쁨과 걱정과 사랑의 씨앗이
내 가슴 한 귀퉁이에서 자라나기
시작하더라, 아주 조금씩조금씩
여리고 파란 싹이 돋아나더라
조그맣고 여린 싹들을 보면서
혼자서 행복에 겨웠지
하늘이 내게 준 선물이라고 믿었어
그 날부터 저절로
두 손 모우고 기도하게 되더라
늘 투명하게 보이는 너의 모습이
늘 안쓰러워 보이는 너의 모습이

잘 지내고 있을까, 혹여
여린 가슴이 다칠까, 사슴 같은
두 눈에 눈물 흘리게 될까봐
자꾸만 두 손 모우고
기도하게 되더라, 강물 같이
잔잔한 기쁨을 내게 준 너를 위해
내 너를 만난 후

2007년 8월 14일 화요일

오늘 아침, 사도가 상을 받으러 간다는 소식을 카페에서 접했다.

제천 영화사진전에서 동상을 받게 되었다고 한다.

'연준'이라는 이름보다 닉네임 '사도'가 더 익숙한, 말하자면 2년 전부터 우연히 내 아들이 된 안연준이다. 우리 애들과 성이 같지만 아들이라 하기엔 몸집도 크고, 나이도 많은 편이라 쑥스럽다.

장미숙 님이 연결했다. "어머니와 아들하세요."라는 말 한마디에 거저 얻은 귀한 선물이다. 딸만 둘 키운 나는 아들이 생겨 좋으면서도 저나 나나 쑥스러워 표현 한 번 제대로 못해 보았다. 평소 표현 잘하는 나도 이상하게 그랬다. 아들이라 해도 제대로 해준 게 없어 늘 미안하다.

언제부터인가 사도의 충청도 말씨가 가슴에 와 닿았다. 말은 안 해도 다 알 수 있는 눈빛과 몸집이 커도 어린애 같은 천진난만함을 읽을 수 있었다. 그렇게 마음이 오가면서 사도가 아픈 일을 겪으면 내 가슴도 아파 왔다. 걱정이 되었다. 어떡하고 있을까? 술을 너무 많이 마시는 건 아닐까? 잘 챙겨 먹고 있을까? 마음에 있는 폭풍우가 하루 빨리 지나가야 할 텐데… 그렇게 아무 것도 해줄 수 없는 가난한 엄마는 속수무책 마음만 졸였고, 생각하면 할수록 가슴이 시려왔다. 기도는 안 했어도 내 가슴에 품은 자식과 똑같이 그렇게, 언제부턴가 내 가슴 안에 그림자처럼 자리하고 있다. 딸들이라도 곰살맞게 오빠오빠 부르며 알아서 전화도 하고 애교도 부리면 좋으련만 여자애들인데도 왜 그리 붙임성이 없는지, 딸들이 야속하고 얄밉기도 했었다.

어쨌거나 무척 기뻤다. 대상을 받는 것보다 상을 받았다는 자체가 기뻤다. 새로운 환한 길이 열리는 암시 같아서 기뻤다. 처음으로 나 혼자 중얼거리며 사도를 욕했다.

'나쁜 놈! 바보 같은 놈!' 이라고… 어제 늦게 올렸으면 못 볼 수도 있는데, 먼저 전화라도 좀 해주지. 그럼 가서 축하라도 해줄 텐데…

욕을 하면서도 괜히 신이 났다. 자랑하고 싶은데 어차피 우리 카페 가족들이라, 전화를 걸고 문자를 보냈다. 전화를 하니 5시쯤이 시상식이라 해서 점심약속 지키고 나서 마음먹고 가는데 여우비가 막 쏟아졌다. 이틀 입은 흰 바지가 다 젖었다. 운동화도 다 젖었다. 아무래도 이 꼴로 가면 그렇겠다. 아차! 저녁약속도 있는 걸 깜박했네. 그래, 대상 타게 될 날을 기대하며 오늘 가서 축하하는 건 남겨두자, 무슨 큰 채찍이라도 되는 양 스스로 위로했다. 너무 좋아서 시 한편을 단숨에 썼다. 내 너를 만난 후, 잔잔히 흐르는 강물처럼 기쁨을 안겨 준 우리 아드님. 사도! 고마워요.

마른 꽃이거나 사랑이거나

나는 꽃 중에서 들꽃을 좋아한다. 고상하고 화려한 꽃이 시들면 더 초라하지 않은가. 처음부터 그리 예뻐 보이지 않아도 은근하게, 시들어 가면서도 본디 모습을 지탱해내며 서서히 바뀌어 가는 들꽃의 자태가 인생의 단면을 보는 듯해서 좋다. 조용하고 편안해서 쉬이 버리지 못하고 오랫동안 집에 놓았다가 버릴 때도 몇 번 생각하고 아쉬워하며 버리게 된다. 들꽃을 볼 때마다, 나도 나이 먹으면 저렇게 늙어야 할 텐데, 생각하곤 한다.

가끔 화려하고 당당하게 핀 백합이나 매혹적인 장미꽃다발을 선물 받으면 기분이 좋다. 하지만 빨리 시들어가는 모습을 보는 일이 더 애처롭다. 유난히 꽃을 사고 싶을 때가 있어 꽃집에 가기도 하는데, 들어서자마자 들꽃 쪽으로 눈과 손이 가는 건 어쩔 수 없다. 특별히 선물을 해야 하는 날은 분위기에 맞춰 꽃을 사곤 하지만 대부분 들꽃 류를 사거나 생명력이 긴 작은 화분을 산다. 작은 꽃이라도 찬찬히 살펴보면 있어야 할 것 다 있다. 그들만의 이야기가 있다. 소박한 아름다움은 쉬 싫증나지 않는 것이다.

시간 속에서 변하지 않는 것이 어디 있는가. 사람도 늙고 꽃도 시들고 세상 모든 것들이 늙고 변한다. 버릴 수 있는 것이 있어야 새로 탄생되는 것이 있는 것. 자연의 조화가 그렇다. 사람들은 지나가 버린 시간과 젊음을 아쉬워한다. 아름드리 느티나무가 왜 아름다운지도 모른 채 지나간 시간들만 후회하고 안타까워한다. 모든 상처를 껴안고 뜨거운 태양 아래 묵묵히 고통을 견뎌 온 고목의 늠름한 자태를 못 보는 것은 안타까운 일이다.

나이를 먹고 늙는다는 것은 이해와 관용의 폭과 깊이가 넓어진다는 의미에 가깝다. 나이 들어서야만 가질 수 있는 보이지 않는 내면의 아름다움이 있다. 이런 이유로 오래 된 것들을 좋아하는지도 모르겠다. 오래 된 가구를 좋아하고, 오래 된 집을 좋아하고, 그리고 오래 된 친구들과 오래 사귄 사람들을 사랑한다. 꽃말이나 향기보다는 질긴 생명력을 지닌 꽃이 참 좋다.

넉넉하고 편안한 여름바다도 좋지만, 살얼음을 깨고 힘차게 넘실대는 시린 겨울바다의 파도가 더 좋다. 추운 겨울 날 포구에 갔을 때, 긴 장화를 신고 빨간 고무장갑을 낀 채, 머플러를 칭칭 동여맨 사이로 사과처럼 빨갛게 언 양 볼의 생선 파는 아주머니들을 볼 때 생동감과 더불어 강한 희열을 느낀다. 이렇게 살아있음의 고마움을 바다에 가면 느끼기에 더욱 겨울 바다가 좋다.

사람보다 아름다운 꽃이 있을까. 화려하게 잘 치장한 예쁜 여자보다 수수하지만 생명력을 느끼는 여자한테 더 끌리듯이, 내가 살아오면서 가장 아름답게 본 여자가 바닷가에서 생선 파는 아주머니이거나 할머니였다면 너무 과장된 표현일까. 그러나 진심이다. 그래서인지 어느 모임에서의 내 별명은 엉겅퀴이다. 억센 아줌마 같아서 붙여 준 건지 열심히 사는 모습 보고 붙여 준 건지 모르지만 나는 그 별명이 좋다.

꽃을 말리다 보면 특별하게 생각나는, 꽃을 선물 받은 기억이 있다. 몇 년 전 어느 가을 밤, 한 남자가 흐드러지게 핀 검은 장미꽃다발을 안고 왔었다. 그는 지방에서 직장생활을 하는 사람이었는데 무엇보다도 내 시를 무척이나 좋아해 주는 사람이었다. 가을이 가기 전에 검은 장미를 전해 주고 싶어서 갑자기 비행기를 타고 왔다니까 좀 늦었다 싶은 시간이지만 나가지 않을 수가 없었다.

어둠 속에서 얼굴이 붉어진 남자는 소년처럼 수줍게 서 있었다. 그 때 처음으로 나이 먹은 남자도 가슴 설레는 소년이 될 수 있다는 것을 알았다. 더듬거리는 말투, 어눌한 행동, 홍조 띤 모습으로 고개 숙이며 쑤욱 내미는 검붉은 장미 한 다발. 어둠 속에서 더욱 검고 붉게 매혹적으로 빛나는 검은 장미 다발이었다. 그 순간 묘한 행복이 진하게 느껴졌다. 이 나이에 이런 매력적인 선물을 받는 일이 무척 감격스러웠다.

장미의 향기가 사라질 때까지 내내 행복했다. 점점 시들어 가는 장미꽃을 바라보면서 그 남자의 모습도 사라질까봐 안타까워하면서도 행복했다. 장미가 시들어 가는 동안 내 가슴도 조금씩 검게 타들어 갔다. 장미꽃을 선물하기 위해 비행기를 타고 달려 온 남자, 그리고 두 시간 후에 돌아가면서 내내 돌아보던 남자의 모습이 아른거렸다.

장미가 검은 색으로 쪼글쪼글하게 변했을 때 그 남자는 이미 아주 먼 곳으로 간 후였다. 그도 그럴 것이 그 남자와 만남은 그 날이 마지막이었다. 물론 전화 통화는 수없이 했지만 꽃이 말라가면서 내 가슴도 말라 버린 것 같았다. 설렌 마음마저 지워지는 것 같아 차마 버릴 수 없어 벽에 거꾸로 매달아 놓았더니 다음 해 가을이 지나고 겨울이 오기까지 장미는 더욱 옹골차고 새까맣게 타들어갔다. 수줍던 오십대 남자의 얼굴이 발그레 마른 꽃 속에서 한동안 웃고 있었다.

보고 싶다

배불뚝이 유치원생처럼 히죽 웃던 박 선생이 보고 싶다.

살아계실 때, 있을 때 손이라도 따뜻하게 잡아 줄 것을, 말이라도 부드럽게 해줄 것을. 안 씻은 손으로 싸 주는 족발 더 받아먹을 걸…

살아야지, 나는 살아 있을 거야. 그런데 하리야, 몸은 굳어 가는데 나의 몹쓸 욕망은 꽃처럼 피어나는 걸 어쩌면 좋겠니?

창문으로 들어오는 햇빛이 얄밉도록 아름다워 외롭다는 임 선배가 보고 싶다. 소낙비 쏟아지던 날 밤 카페에서 평생 살 것처럼 웃으며 많은 이야기 나누었던 날이 엊그제 같은데…

아버지가 마지막 남긴 하얀 고무신 안고 흐느껴 우시던 엄마가 보고 싶다. 초라한 딸 집 앞에서 차마 울지 못하고 되돌아 논두렁길만 휘청이며 걸어가시던 어머니. 몹쓸 것 같으니, 이래 살라고 그랬드나? 내 정말 안 돌아보고 갈 거라 두 눈 꼭 감고 걸어가셨지만 그래도 문디 같은 딸년 보고파서 안 우신 척 눈물 닦고 몇 번인가 돌아보신 어머니 눈빛. 그 날은 왜 그리도 짙은 회색빛이었던지 몰라… 보고 싶어 죽을 것 같아요, 어머니. 너무 그리워요.

추운 겨울 밤 안암동 골목길을 언 손 녹이며 걸었던 그는 지금 어디에 살고 있는지 보고 싶다. 큰 소리로 내 이름 불러 놓고 문 열어 보면 장미숲을 옮겨 놓은 마냥 바람에 살랑거리는 붉은 장미들. 남산 길을 업고 휘파람으로 노래 불러 주었던 그이는 지금 어디 살고 있을까…

언제나 이별을 먼저 생각하던 그. 언젠가는 바람처럼 당신도 가버리겠지. 무엇이 그리도 슬픈지 젖은 눈빛으로 늦가을의 썰렁한 길들을 바라보는 그가 너무 아파서 나도 덩달아 아파서 도망 온 내가 미안해서 보고 싶다…

다겁의 인연이 있어서라고 믿고 싶어요. 기적적으로 다시 만난 그가 지금은 먼 길을 떠나고 곁에 없어서 그가 보고 싶다. 겨울 새벽은 찬데 맑은 하늘에 떠오르는 달이 하리 얼굴처럼 보여 그립다며 문자 보내준 그가 지금 참 그립다…

함께 있어도 항상 흔들리는 바람 같은 그가, 함께 있어도 그립다…

대학로 높은 계단에서 비 오는 날 우산을 들고 서있거나, 자전거를 타고 봄바람처럼 웃으며 기다려 주던 김 선생이 보고 싶다. 지금은 하늘 어디쯤에서 날 보고 있겠지…

마지막 이별을 투정으로 내 가슴을 난도질하고 떠난 그가 아주 가끔은 보고 싶다…

내게 두 딸을 남겨 준 그 얼굴은 잊어버렸다. 처음 내 배가 남산처럼 부풀어 올랐을 때의 희미한 기억을 빼고는 점 하나 없이 뿌리마저 닳아 버린 지금.

겨울나무가 보고 싶다. 뼈가 시리도록 추운 겨울 바다가 보고 싶다. 꽁꽁 동여매고 두 볼과 두 손이 빨간 생선 파는 아주머니들이 보고 싶다. 풍성한 여름 파도가 보고 싶다. 오징어 널어놓은 풍경이 보고 싶다. 안개 자욱한 새벽이 보고 싶다. 인도풍경이 보고 싶다. 뉴욕의 거리가 보고 싶다. 스페인이 보고 싶다…

하모니카 연주를 들으면서 오늘 밤은 유난히 그리움으로 밤을 물들이고 있다. 다가오는 봄에는 아직 남아있는 보고픔의 품에 안기리라.

(2008. 1. 25)

제 맛대로 살기

며칠 전 모방송국에서 주부가요대회가 있었다. 방송국으로부터 안 선생님께 심사위원을 해주십사 요청이 왔는데 나와 동행할 것을 청하시기에 그곳 풍경이 궁금하기도 하고 오랫동안 음악학원을 운영하고 음악에 관련된 일을 해온 내 귀가 어느 정도 뚫렸나 확인도 할 겸, 방송국으로 갔다. 모두들 리허설 준비로 바쁘게 움직이고 있었다. 무대 한켠에서는 예선에 뽑힌 주부들이 긴장된 모습으로 차례를 기다리고 있었고 로비 한쪽에는 아줌마 박수부대 100여명이 앉아 있었다.

그런 풍경을 보고 있으니 알고 지내는 어느 교수의 말이 생각났다. 그는 세상살이가 지겹고 힘들고 심지어 죽고 싶다는 생각이 들 때는 깊은 밤 자다가도 벌떡 일어나 남대문시장으로 나간다고 한다. 쭈글쭈글한 손으로 녹두전을 굽는 할머니 가게에 앉아 막걸리 한 사발 쭈욱 들이키며 할머니의 주름살에서 마음을 가라앉히고, 판자무대 위에서 손뼉 치며 쉰 목소리로 옷 파는 장사꾼을 바라보며 그의 발짓 손짓을 따라 하기도 하면 어느 사이 살고 싶은 의욕이 생긴단다.

난전에 쭈그리고 앉아 장사하는 할머니께 나물이며 반찬이며 야채를 조금씩 사서 까만 비닐봉투에 대롱대롱 담아 돌아오는 차안에서 봉투 속에 들어있는 것들을 뒤적이며 대화를 한다고 했다. '모진 비바람 다 맞고서도 한 마디 아프다 소리도 안 하고 누군가에게 도움이 되려고 푸성귀도 이렇듯 살아내었는데 만물의 영장이라고 하는 인간인 나는 바보구나.'

그렇게 반성을 하면서 자기만의 살아가는 방법을 터득한다는 말을 떠올리다 보니 그곳에 온 사람들 모두가 맡은 분야가 다르고 그 분야마다에서 최선을 다하는 모습이 푸성귀와 닮았다는 엉뚱한 생각이 들었다.

대회장의 아줌마들은 하나같이 한두 명의 자녀를 키우고 살림을 꾸려가면서도 자신만의 세계를 찾기 위해 주부가요대회에 나왔을 것이다. 아무리 예쁘게 치장해도 아이 낳은 여자의 몸은 어디가 달라도 다를 수밖에 없다. 우리 여자들은 그렇게 변한 모습을 훈장처럼 자랑스럽게 생각해야 한다. 물론 그렇지 않은 아줌마도 있지만 대부분 허리와 엉덩이가 두루뭉수리하게 불어난 몸매는 옷을 더 팽팽하게 터질 듯 만들었다. 모처럼 큰 맘 먹고 다녀온 미장원 머리모양은 아무래도 평소와 달라서 어색할 것이다. 그 날, 내 눈에 비친 주부들의 모습은 그 누구보다 자랑스럽고 아름다웠다.

아이들 키우고 남편 뒷바라지 하느라 손은 거칠어져 있을 것이고, 남은 음식 아까워 먹다보니 어느새 굵어져 버린 허리를 보고 간혹 남편은 핀잔도 했을 것이다. 엄마가 되고 아줌마가 되면 그 심정 누구나 똑같음을 알기에, 나 또한 알아주지도 알 수도 없는 대한민국의 한 아줌마이자 엄마로서 그 길을 걸어와 엄마의, 아줌마의 위대성을 알기에, 그들의 매력을 짜릿하게 느끼며 용기 있는 행동에 큰 박수를 보냈다.

대회이므로 누가 더 잘했나 하는 평가도 중요했지만 내 눈길은 다른 곳으로 향하고 있었다. 노래대회에 참가한 아줌마들을 포함하여 일당을 벌기 위해 몇 시간씩 줄을 서 있는 아줌마들과 각본에 의해 소리를 지르고 박수를 치는 박수부대 아줌마들도 자랑스러웠다.

대한민국 엄마들, 아줌마들의 열성적이고도 강한 모성애를 누가 탓할 수 있겠는가. 나름의 방법으로 열심히 살아가는 우리 대한민국 위대한 엄마들과 아줌마들은 인생을 '제 멋대로 사는 것' 이 아니라 '제 맛대로 살고 있습니다.' 라고 말하고 싶다.

제 비

'정답던 얘기 가슴에 가득하고 푸르른 저 별빛도 외로워라…'

'제비' 라는 노래인데 이 노래만 들으면 생각나는 사람이 있다. 노래를 무척 잘 부르던 남자였다. 노래뿐만 아니라 피아노, 기타도 수준급이다. 게다가 멋진 노래를 휘파람으로 부는 모습은 무척 매력적이다.

그 분과의 인연은 어떤 공부 모임에서였다. 인연이 되려고 그랬는지 많은 사람들 중에서 유독 눈에 뜨였다. 인디언 옐로우 남방셔츠에 회색 바지를 입은 모습이 무척 세련되었다. 서로 먼발치서 눈을 마주치기는 했지만 인사를 나누기는커녕 눈인사도 하지 않았다. 정례적으로 일주일에 한 번 그 모임에 가면 내가 가는 곳마다 거짓말처럼 그 사람은 항상 있었다. 웃을 듯 말 듯 가벼운 목례만 하는 게 고작이다가 여러 날이 지난 어느 날, 내게 다가와 '차 한 잔 함께 하고 싶다' 는 말을 했다.

말없이 앉아 있던 내 손에 초콜릿을 쥐어 주었고 그 이후에도 여전히 가벼운 목례와 그가 쥐어 주는 초콜릿만 먹다가 헤어지는 것이 고작이었다. 대화도 없고 무미건조한 시간 속에서 오로지 초콜릿만이 달콤하게 혀끝을 녹여 주었다. 그런데도 무엇에 끌린 듯 그와 함께 커피를 마시고 초콜릿을 먹었다.

그 해 가을 토요일이었다. 낙엽을 밟아 보자며 데려간 곳이 남산이었다. 햇살이 보기에도 좋고, 몸에 와 닿는 느낌도 참 좋은 오후 두 시쯤이었다. 그가 휘파람을 불기 시작했다. 지나가는 사람들이 가던 길을 멈춰 서서 그의 휘파람을 듣고 있었다. 달콤한 기운들이 온 몸을 적셨다. 행복해하는 나를 위해 아이처럼 신이 나서 여러 번 휘파람을 불어 주었다. 주위 시선은 아랑곳하지 않고 나를 냉큼 업고는 휘파람을 불면서 남산 길을 걸었다. 처음엔 당황하고 창피했지만 마지못해 가만히 그의 등에 업혀 그가 부는 휘파람소리를 듣노라니 시나브로 느긋한 행복감에 빠져들었다.

나를 처음 본 순간 어디서 많이 본 것처럼 전혀 낯설지 않았다고 했다. 만나면 대화는 별로 없었지만 서로의 마음을 충분히 읽을 수 있었던 사람. 그가 불러 주는 노래에 내 가슴은 살이 통통하게 오르기 시작했고, 그가 그려 주는 그림에, 내 시에 새살이 돋아났으며, 그가 말없이 건네주는 따뜻한 마음으로 행복했지만 그는 얼마 후, 부모님과 형제들이 살고 있는 미국으로 돌아갔다.

일 년 반 동안 그가 아낌없이 베풀어 준 순수한 사랑으로 내 삶의 한 토막은 행복한 기억으로 남아 있다. 그가 부르던 노래 중에 내가 가장 좋아했던 노래가 제비였다. 언젠가 한 번은 다시 만나고 싶은 사람이다.

본격적으로 불교 공부를 하기 시작한 지 4년이 조금 넘었다. 독학으로 했기 때문에 체계적이지는 못하다. 불교대학에 입학해서 정식으로 공부를 할까도 생각해봤지만 여러 가지 사정상 집에서 공부하기로 하고 틈나는 대로 불교서적을 사서 공부한다. 스님 뒤를 따라 다니며 스님이 사는 책을 똑같이 뒤적여보기도 한다. 아직 내게는 어려워 책꽂이에 꽂아만 둔 채 읽지 않은 책도 있지만 그 책을 바라볼 때마다 열심히 공부해야지 하는 마음이 들기 때문에 무용지물만은 아니다.

아는 스님에게 선물 받은 책도 있고 불자들한테 얻어 온 책도 있지만 내가 구입한 책들도 많다. 사무실에서나 집에서나 항상 눈에 띄는 곳에 불교서적을 놓고 그 때 그 때 읽고 싶은 책들을 읽다보니 비록 체계적으로 공부하진 않지만 무척 재미도 있고, 불교에 대해 하나하나 알아가는 기쁨이 참 크다.

불교는 종교라기보다는 지혜에 가깝다. 모든 종교가 그렇지만 특히 불교는 살아가는 데 있어서 쉽게 답을 주기 때문에 좋다. 대부분이 기복신앙이며 나 역시 전혀 아니라고는 말할 순 없다. 어려운 일을 당하게 되면 나도 모르게 은연중 기도를 하면서 하나님께 혹은 부처님께 해결 잘되게 해달라고 마음속으로 바라는 나를 발견한다.

내가 불교에 관심을 갖게 된 이유는 불교는 많은 꿈을 꾸게 하지 않는다. 혼자 반성하게 하고 혼자서도 느낄 수 있게 길잡이를 해주는 것에 매력을 느꼈다. 누구나 부처가 될 수 있다는 말씀에 현혹된 것이 아니라, 누구나 노력하면 바른 인간이 될 수 있다는 뜻으로 받아들이고 싶다.

불교에서는 모든 것들은 공(空)이라 말한다. 아무 것도 없다는 것은 부질없다는 뜻으로, 욕심과 집착을 버리라는 뜻으로 받아들여진다. 마음공부를 말하는 것이다. 내 마음공부는 내가 해야지 누가 대신 해줄 수 있는 게 아니기 때문이다.

대부분의 종교는 사람들에게 지혜를 가르쳐 주고 그들을 바른 길로 인도하고 있다. 종교는 필요하다. 마음의 의지가 되고 지혜의 샘이 되기도 하며, 위안도 되기 때문이다.

내가 불교에 빠지게 된 경위는 몇 년 전, 음반시장이 침체된 가운데 틈새시장을 이용해 돈을 좀 벌어볼 욕심으로 불교음악을 선택하고서부터이다.

찬불가는 찬송가에 비해 또는 불자 수에 비해 크게 발전하지 못한 것 같았다. 찬불가를 만들려면 불교를 알아야 맛을 낼 수 있기 때문에 금강경, 반야심경, 신묘장구대다라니, 천수경 등을 공부하다가 부처가 아닌 불교의 매력에 빠지게 된 것이다.

나는 구속되는 것을 무척 싫어한다. 어디에 억지로 소속되는 것은 물론이거니와, 확실한 마음이 가지 않으면 어느 단체에도 가입하지 않는다. 그래서 개성이 강하다는 말도 듣기도 하고, 외로울 때도 있다. 하지만 남에게 해를 끼치지 않고 옳다고 판단되는 길이면 외롭더라도 선택한다.

어쨌거나 매일 마음공부와 불교공부를 하고 있다. 무척 재미있다. 내 스스로 선택해서 하는 공부라 즐겁다. 내가 나를 조금씩 다듬어 가고 있다. 그러다보니 모든 것들이 다 감사하고 넉넉하다. 다행한 일은, 나는 세상의 물질들이 필요해서 선택하는 것이지 간절하게 갖고 싶다거나 부러워하는 편이 아니라는 점이다.

조용한 시간에 돌아보면 마음 다스리는 노력이 부족한 것만이 가장 부끄러웠다. 틀에 박힌 듯 정해진 시간과 정해진 장소로 가야 하는 것이 부담스럽고 싫은데, 불교공부는 정해 놓은 시간과 장소에 가지 않아도 스승이 곁에 있는 것처럼 쉽게 접할 수 있어서 좋다. 어차피 무슨 일을 하든 무슨 선택을 하든 내 삶 안에서 벌어지는 일은 내가 결정해야 하고, 내가 편안하고 행복해야 주위사람들을 사랑하게 되어 주위가 밝아지고 세상이 밝아지는 것은 명백한 사실 아닌가.

무슨 종교를 믿든 상관이 없다. 본인의 의지가 가장 중요하다. 내가 좋아하고 마음 가는 종교면 된다고 생각한다. 그러므로 종교가 다르다고 해서 비방하는 일은 없어야 한다. 바르게 살고 행복하면 마음 안에 천국도 극락도 존재한다고 생각한다.

한때 하나님의 실체가 너무 궁금해서 견딜 수가 없었던 적이 있었다. 왜 사람들은 보이지 않는 하나님을 만나러 교회로 가는 것일까? 교회에 가면 하나님은 있을까? 하나님이 이 세상과 인간을 창조했음을 확인하고 싶었다. 그래서 신학을 공부했고 몇 년 전부터는 다시 불교공부를 하고 있는데 딱히 부처님을 만나려거나 복 받으려고, 혹은 극락에 가기 위해서라기보다는 불교에서 주는 말씀이 가슴에 와 닿아서이다. 내 생각은 그렇다.

이 글을 읽는 사람 중에는 반대 의견을 가지고 나를 참으로 건방지다고 말할 사람이 있을지 모르지만 나는 다만 이 세상이 생각하기에 따라 천국도 될 수 있고 지옥도 될 수 있다는 생각을 말하고 싶다.

얼마만큼 인간답게 사느냐 지혜롭게 처신하며 사느냐는 것은 중요하며, 그러기 위해서는 종교적인 바른 지침서가 필요하다고 생각한다. 자기가 원하는 종교를 선택해서 바른 말씀대로 실천하며 열심히 사람답게 살다보

면 행복이 오는 게 아닐까. 종교에 관계없이 '나를 다스리는 지혜'를 옮겨
본다.

1_ 행복도 불행도 모두 스스로가 짓는 것이니 결코 남을 탓하지 말라.

2_ 나의 생명이 소중하듯 모든 생명은 소중하니 늘 아끼고 보살피라.

3_ 모든 죄악은 탐욕과 성냄과 어리석음에서 생기니 늘 참고 적은 것으로
만족하라.

4_ 웃는 얼굴과 부드럽고 진실한 말로 남을 대하고 늘 베푸는 마음으로
살아라.

5_ 나의 바른 삶이 나라 위한 것임을 깊이 새기며 조상과 부모에게 천륜의
도리를 다하라.

6_ 남의 기쁨과 슬픔을 내 일처럼 느끼는 마음가짐은 헤아릴 수 없이 큰
공덕이다.

7_ 모든 선악의 결과는 반드시 되받게 되는 것이니 순간순간을 후회 없이
살아라.

8_ 조국과 겨레, 부모와 가정, 또한 자신을 위해 지금 무엇을 하고 있는지
깊이 생각하라.

특별한 시낭송

91년부터 시낭송 무대에 서기 시작하여 대중 앞에서 시를 읊은 것이 지금까지 300회 남짓 될 듯싶다. 큰 무대, 작은 무대를 비롯하여 숱한 사연과 눈물의 시낭송, 화려한 무대도 있었다. 그 중에서도 천사원의 장애우 친구들이 주최한 시낭송회는 평생 잊지 못할 무대이다.

자그마한 교회에서 이루어진 시낭송회는 어느 무대보다도 멋지고 아름다웠다. 휠체어에 의지해서 말도 제대로 할 수 없으면서 온 힘과 정성을 다하여 절절한 가슴으로 더듬더듬 시를 낭송하는 천사원 장애우들의 천진난만한 맑은 두 눈은 성경에 나오는 천사가 바로 이들이란 생각이 들게 했다. 어느 누구의 힘도 빌리지 않고 직접 연출, 조명, 무대미술, 프로그램 구성까지 맡아서 해낸 아이들의 몸짓은 여태껏 내가 본 어느 시낭송회보다도 감동적이었다. 자꾸만 가슴이 뭉클해지고 눈물이 앞을 가려 안경을 수없이 닦아내야만 했다.

또 하나의 잊지 못할 무대는 2006년 12월말 충주에서 있었던 '이민자를 위한 행사' 에서의 시낭송이다. 똑같은 날, 서울에서 개런티가 있는 화려하고 큰 행사가 있었지만 거절하고 충주로 향했다. 한 해가 가기 전에 내가 가진 목소리로나마 작은 봉사라도 해야겠다는 생각에서였다. 필리핀, 중국, 베트남, 연변 등지에서 한국으로 시집 온 이민자를 위로하는 행사였는데, 문화적인 차이도 큰 데다 말도 통하지 않는 한국으로 시집 와서 정신적으로 육체적으로 고통 받는 이들을 위하는 일이라 당연히 가야 한다는 생각이 컸다.

이민자들이 한국남자에게 시집 와서 겪는 고통을 TV에서 몇 번 본 적이 있는데 그 때마다 무척 분노했던 기억이 있다. 돈을 주고 데려오긴 했지만 짐승도 아니요, 물건도 아니요, 우리와는 단지 문화와 말이 다를 뿐인 사람인데 어떻게 그다지 잔인하게 대할 수 있는지 이해가 되지 않았다. 프로그램을 보면서 얼마나 안타깝던지 눈물을 멈출 수가 없었고, 못된 한국남자들을 향해 연신 욕을 퍼부어대어도 속이 풀리지 않았다.

행사는 충주 지역에서 뜻을 같이하는 아름다운 마음들에 의해 이루어졌다. 나 역시 처음 가보는 충주의 하얀 겨울 밤, 잠깐 동안이나마 내가 들려주는 시를 통해 그들이 위안을 받을 수 있기만을 바랐다. 어차피 한국에서

2세의 핏줄을 이어가며 살아갈 것이라면 상처받지 않고 잘 살기를 마음속으로 간절히 기도하며 시를 낭송했다.

내 이름 석 자를 알리기 위함도 아니고, 충주 유지들을 만나기 위함도 아니었기에 무대에서 내려와 이민자들에게 가서 일일이 손을 잡고 힘을 내라고, 혹여 의논할 일이 생기거나 속상하면 내게 전화를 해도 좋고 편지를 써도 좋다고 그들에게만 명함을 건네고 일찍 서울로 돌아왔다.

마음으로는, 그들이 내게 편지를 쓰면서 한글을 깨우쳐 우리나라의 생활에 조금이라도 빨리 적응하길 내심 바라고 있었다. 단지 가난하다는 이유만으로 멀리 한국까지 왔지만 한국 사람의 핏줄을 이어 주는 그들은 이제 우리나라 국민이 아닌가.

부디 행복하게 살아가길 두 손 모아 기도해 본다.

가족이라는
동아리

버릴 수 없는 인연

우연한 인연으로 우리 집에는 강아지 세 마리를 키우고 있다. 모두들 나이가 꽤 많다. 아침저녁으로 용변 보는 자리를 갈아 줘야 하고, 물 주고 밥도 챙겨줘야 살 수 있다. 강아지들이 할 수 있는 건 바깥에서 이상한 소리가 나거나 우리 가족이 돌아오는 낌새 알아채고 반갑게 짖으며 인사하기, 낯선 기척이 나면 위협적으로 짖어대거나 가끔 저희들끼리 싸우는 일이 고작이다. 세 마리를 키우다보니 자연히 냄새가 많이 난다. 여간 부지런하지 않으면 안 된다. 단 이틀이라도 치워 주지 않으면 냄새가 많이 난다. 소독약을 뿌리고 냄새제거제를 뿌리고 아무리 추운 겨울에도 몇 시간 동안 창문을 열고 환기를 시켜야 그나마 덜하다. 옷가지들과 이불도 자주 털어내야 한다. 아기 키우는 것보다 어쩌면 더 부지런하게 마른자리 진자리를 가려야 한다.

나는 눈 뜨기 무섭게 가장 먼저 창문을 열어젖힌다. 아기들은 조금만 자라도 스스로 할 수 있는 일이 있지만, 개는 죽을 때까지 동물일 수밖에 없기 때문에 세심한 사람의 손길을 필요로 한다.

그 뿐인가? 사람한테 걸릴 수 있는 병은 강아지들도 다 걸린다. 고혈압, 비만, 당뇨병, 위암, 자궁암, 난소암 등등… 우리 집에 들어온 지 12년 된 마르티스 캐리는 태어난 지 3개월 때 수경(은경)이가 사달라고 하도 졸라서 한 가족으로 인연이 되었는데, 사온 지 며칠 되지 않아 시름시름 앓기 시작했다. 병원에 가서 진찰한 결과 태어나자마자 애견센터에 팔렸고, 애견센터에서는 잘 돌보질 않아 무척 약해져 있는 상태에서 언제 죽을지 모르는 것을 우리한테 속이고 팔았던 것이다. 전화로 항의했더니 한 마디 변명 없이 다른 강아지로 바꿔 주거나 환불해 주겠다고 했다.

애견센터를 향해 차를 몰고 가는데 뒷좌석에 강아지를 안고 있던 수경이와 선주(현경)가 훌쩍이는 소리가 들렸다. 강아지를 데리고 다시 집으로 돌아가자고 하였다. 나쁜 애견센터에 데려다주면 분명 강아지가 죽을 게 뻔하니까 우리가 살릴 수 있는 데까지 살려보자며 애원했다. 어린 딸들의 마음이 너무나 착하고 기특해서 차를 돌려 서초동에 있는 큰 애견병원에 입원시켰다. 다행히 강아지는 동물을 너무나 사랑해서 동물병원 의사가 되었다는 원장의 지극한 정성과 우리 세 모녀의 간절한 기도로 살아나 수경이가 가장 좋아하는 배우 '짐 캐리'의 이름을 따서 '캐리'라는 이름으로 우리 가족과 함께 살고 있다.

둘째 강아지(암놈) '꼬맹이'는 이름 지을 시기를 놓쳐 가칭 꼬맹이로 부르다가 그냥 꼬맹이가 되었다. 아는 경찰관이 우리 학원으로 강아지 한 마리를 데려와서 혹시 누구 키울 사람 있음 주라고 잠시 맡겨 놓은 강아지인데 캐리가 심심할까봐 함께 산 지 9년이 되었다.

세 번째 강아지는 수놈으로 이름이 '미디'이다. 미디는 작년에 우리 집에 들어 왔다. 나와는 2년째로 접어들지만 큰 딸 선주와의 인연은 5년이 넘었고, 태어난 지 14년 정도 되었다. 사람 나이 1년과 강아지 나이 7년과 같다고 하니 나이가 꽤 많은 셈이다. 작년 가을, 선주가 소속된 기획사에서 키운 강아지인데 기획사가 문을 닫으면서 늙은 강아지를 데려다 키울 사람도 없을 뿐더러 미디가 선주만 따라다녀서 도저히 버릴 수가 없어 데려왔다고 했다. 말은 어쩔 수 없다 했지만 마음속으로는 이미 오갈 데 없는 미디를 데려오려고 작정하고 있었음이 틀림없다.

나는 두 마리도 힘든데 더 키울 수 없다고 반대했지만 동물도 생명인데 늙었다고 아무 데나 버려 죽게 할 수 없다는 말까지 하는데, 어쩔 수가 없었다. 멀쩡하게 살아 있고 그것도 몇 년 동안 내가 돌본 강아지를 버리고 어떻게 잠을 잘 수 있으며 잊으려고 애쓰며 살아갈 수 있겠느냐며 며칠 동안

울며 잠도 자지 않고 밥도 먹지 않는 선주와 버티기를 보름, 결국 내가 지고 말았다.

그럴 때가 되어서 그런지 온 지 얼마 안 된 '미디' 가 장에 이상이 생겨 수술을 받고 입원했다가 퇴원을 하고, 얼마 뒤엔 '캐리' 가 자궁암 수술을 받고 입원, 퇴원했다. 그 다음엔 '꼬맹이' 가 다리가 부러져서 수술을 받고 병원에 입원하는 소동이 불과 몇 달 사이에 한꺼번에 일어났다. 세 마리가 같은 병원에서 수술 받고 입원하고 치료받으러 다니는 과정을 겪으면서 선주는 의사들 사이에서 유명해졌다.

이제 웬만한 것은 선주가 집에서 치료할 수 있다. 비싼 강아지들도 아니요 늙고 병들었는데도 버리지 않고 비싼 수술비 아까워하지 않으면서 강아지들을 살려낸 딸을 보면서 생명에 대한 소중함을 아는 아이가 대견하고 흐뭇했다. 우리 가족의 인연은 이렇게 시작되어 아웅다웅 변함없이 살고 있으며 인연의 끈이 끝나는 그 날까지 함께 할 것이다.

가끔 동물이 사람보다 낫다는 생각을 해본다. 사람으로부터 철저하게 배신을 당해 본 사람만이 그 아픔을 더 절실히 느낄 수 있다. 우리 세 모녀는 가장 가까운 사람으로부터의 절망을 경험해서 그런지 우리 강아지에게는 사람이 주는 배신감 같은 게 없다는 걸 안다. 강아지들은 세상에서 가장 진실한 두 눈으로 주인들을 바라본다. 변함없이 똑같은 마음으로 우리들 곁에 있어 주니 또한 감사할 일이다. 아무런 말이 없지만 외로울 때는 곁에서 친구가 되어 준다. 단 한 번도 배신하지 않은 진정한 우리 가족이다. 늙고 병들었다는 이유만으로 버릴 수 없는 이유이다.

우리들더러 미쳤다고 하는 사람도 있다. 나쁜 균도 옮기고, 시끄럽게 짖어대고, 냄새도 나는 데다 돈도 만만찮게 들 텐데 왜 그런 무모한 짓을 하느냐며 이해가 안 된다고 충고한다. 하지만 외부로 보이는 균들은 우리가 좀 부지런하면 될 테고, 설령 병균이 옮으면 병원 가서 치료 받으면 되지만, 사람들이 정신적으로 전염시키는 몹쓸 균은 어떻게 처리하면 되는 것인지 곰곰이 생각해볼 때가 여러 번 있다.

(2005.4)

아버지와 김밥

아버지가 돌아가신 지도 꽤 오래됐다. 작은 체구지만 워낙 부지런하고 강건했기 때문에 우리 아버지는 절대 아프지 않을 사람, 오래 살 분으로 믿었었다. 어느 날 갑자기 고혈압으로 쓰러져 이내 회복되었다가 다시 병이 재발하고 쓰러지더니 다시는 가족 곁에 돌아올 수 없는 곳으로 영영 가버렸다.

어느 해 겨울, 마침 친정집에 내려가던 다음 날 아침이었다. 가족들이 모여 아침밥을 먹는데 식사 하던 아버지 손에서 숟가락이 툭, 떨어졌다. '어, 이거 왜 이래?' 하면서 다시 숟가락을 집어 들었으나 연거푸 몇 번 떨어졌다. 순간 아버지 입이 뒤틀려 있는 것을 발견했다.

황급히 남동생이 아버지를 업고 한의원으로 뛰어가서 침을 맞히니 다행히 틀어진 입은 제자리로 돌아왔지만 그 후로 아버지 말짱했던 본모습은 찾아볼 수 없었다. 고혈압으로 인한 뇌졸중이었다.

외출했다가 돌아오거나 사물과 사람 알아보는 건 문제가 없는데 온종일 자꾸 배고프다는 말만 했다. 주변 사람들에게 가족들이 밥을 안 준다고 하거나 양치질 할 때 치약을 많이 짜서 오랫동안 양치질 하는 증세가 나타났다. 그러다가도 정신이 말짱해지면 예전 아버지 모습 그대로였다.

3년을 그렇게 지냈다. 어눌했지만 하고 싶은 표현은 다 했고, 가고 싶은 곳은 다녀오곤 했다. 한창 무더운 7월 말, 느닷없이 딸이 보고 싶다며 어머니와 함께 내가 사는 서울 집에 오셨다. 빳빳이 풀 먹인 하얀 모시 바지저고리를 입은 아버지와 어머니가 깨끗한 모습으로 오셨다. 선주와 수경이가 아직 어렸고 음악학원을 운영하면서 다시 공부하느라 정신없이 분주한 나날을 보내고 있을 때여서 일인 몇 역을 해도 모자랄 정도로 바빴다. 오죽하면 동네에서 붙여 준 별명이 007이었을까.

딸이 그리워 먼 길을 오신 부모님께 잘하지 못하는 솜씨지만 정성을 다했다. 평소 어머니는 일 년에 한두 번 왔는데 딸집이라 해도 불편한지 아니면 내가 바쁘게 살아서 그런지 하룻밤 묵는 게 고작이었다. 그러던 어머니께서 아버지랑 함께 와서 3박 4일을 머무르게 된 것이다.

가시기 전 날 오후였다. 아버지가 저녁식사를 챙기고 급히 나가야 하는 나를 붙잡더니 갑자기 점심 때 먹었던 김밥이 또 먹고 싶다며 졸랐다. 아차, 하는 생각이 들었지만 설마 했다. 남은 재료로 10줄은 족히 더 만든 것 같은데 언제 드셨는지 나가는 나를 붙들고 또 김밥 달라고 졸랐다.

어머니는 잠깐 조는 중이었고, 짜증이 난 나는 투덜거리며 남아 있는 단무지와 시금치에 밥만 넣고 말아 썰지도 않은 채 식탁에 놓고 나가 버렸다.

돌아와 보니 시금치김밥은 손도 대지 않은 채 고스란히 식탁에 있었다. 시금치 간도 제대로 안 맞추고 물기도 제대로 짜지 않은 채 말아서 맛이 없어서였는지, 화난 내 목소리 때문에 그랬는지, TV를 보다 잠든 아버지 모습도 김밥도 축 처진 모양이었다. 어찌나 죄스럽고 미안한지 그 날 밤 한잠도 못 잤다. 좀 늦더라도 제대로 말아드리고 나갈 걸 싶어 후회스러웠다.

아침 일찍 시골로 내려갈 준비를 하는 부모님께 죄스런 마음을 만회하려고 하루만 더 계시라고, 소고기 넣고 김밥 맛있게 많이 해드리겠다고 간청했으나 이미 차표를 끊어 놓았다며 괜찮다 하고 내려가셨다. 청량리역에서 배웅하고 돌아오는 버스 안에서 내내 가슴이 천근만근 미어져 내려앉는 것같이 슬펐다. 그 날이 딸집에 오는 일이 마지막이 될 줄이야.

그 날부터 지금까지 김밥을 보거나 먹게 되면 아버지 생각이 나서 늘 목이 메인다. 먹다가도 아버지 생각을 하면 도저히 먹을 수가 없다. 따뜻한 김밥을 해드리지 못한 죄스러움, 따뜻한 말을 하지 못했던 내 행동이 너무나 후회스럽다. 아이러니컬하게도 아버지가 그립고 보고 싶은 날엔 김밥 집 진열장에 말아 놓은 김밥을 한동안 바라보다 돌아오곤 한다.

우리 집에는 여자 세 명이 산다. 나와 선주(현경), 수경(은경) 두 딸과 함께 살고 있다. 부모님께서 지어 주신 내 본명은 '김군자' 이다. 여자지만 큰 사람이 되라는 의미도 있고, 아주 어릴 때 아버지 손바닥에 올려놓으면 오뚝이처럼 잘 서 있었다고 한다. 살아가면서 넘어지지 말고 굳세게 살라는 의미도 있다고 살아생전 말씀해 주셨다. 아버지 손바닥에 올려놓고 '쿵짝쿵짝' 박자를 넣으면 신이 나서 까르르 웃으며 서 있었다고 한다.

두 가지 의미를 합쳐서 군자(君子)로 지으셨다 한다. 이름이 너무 커서 그런가, 살아온 날들이 다른 여자들에 비해 삶의 높낮이가 큰 편에 속했으나 내게 주어진 삶을 굳이 피할 생각은 추호도 없었다. 어차피 내게 올 운(運)이라면 부딪치더라도 결과를 보길 원했다. 좋은 일이든 나쁜 일이든 다 내 몫이라는 생각이 지배적이었다.

내 삶은 내 의지와는 전혀 상관없이 내키지 않는 전사(戰士)가 되어야 했고, 전사처럼 굳세게 살아내야만 했기에 거듭거듭 떨치고 일어날 수밖에 없었다. 아무 일 없는 듯 툭툭 털고 일어나 용감하게 잘 견뎌내며 살아왔다고 감히 말할 수 있다. 부모님께서 지어 주신 이름값을 톡톡히 잘해낸 편이었다.

살아오면서 얻은 별명도 몇 가지가 더 있다. 아버지가 지어 주신 '빨라콩' 주위 사람들이 지어 준 '악바리' '007' '또순이' 다. '빨라콩'은 행동이 재빠르다고 해서 얻은 별명이고, 그 외의 별명은 마음먹은 일은 무슨 일이 있어도 악착같이 해내어서 얻은 별명들이다. 나는 이 별명들을 좋아한다. 관심을 준 분들의 솔직한 마음이라는 생각이기 때문이다.

경북 풍기라는 작은 읍에서 태어나 고등학교까지 마치고, 서울로 올라와 회사에 취직도 하고 야간대에 입학했지만 졸업을 하지 못하고 이른 결혼을 하게 되어 딸 둘을 낳고, 오랫동안 해외 근무를 하게 된 아이아버지 부재를 기회로 못 다한 공부를 하였다. 어린 나이에 딸 둘을 키우고 밤을 새워 공부를 하고 늘 바쁘게 움직여도 외로움은 감출 길이 없었다. 친구 권유로 교회를 다니게 되어 외로움이 훨씬 덜해졌다. 성경을 읽을수록 의문점이 많아 아예 제대로 공부 해보자싶어 다시 신학대학에 편입했다. 애들도 어려 키우는 것도 힘들 텐데 그렇게까지 공부를 해서 뭐하냐고 의문을 제기하는 사람들도 많았다. 나이 한 살 더 먹기 전에 무슨 공부든 하고 싶은 공부를 하고 싶었고, 외로움도 덜 수 있어 좋았고, 아이들에겐 엄마가 공부하는 모습을 보여 주는 것도 좋을 것 같았다. 무엇보다도 호기심 강한 성격과, 궁금한 것을 알기 전까진 견디지를 못하는 성격 탓에 부딪쳐 보자는 결정을 내려서 2학년으로 편입을 하였다. 작은 애는 업고, 한쪽 어깨엔 책가방, 한쪽 손엔 큰아이 손을 잡고, 버스를 갈아타고 다니면서도 결석은커녕, 지각 한 번 한 적 없이 장학금까지 받으며 졸업할 정도로 맛있게 학교를 다녔다. 모르는 것을 알아가고 채워가는 기쁨을 만끽했다. 엄마로서 학생으로서의 나날은 기쁨으로 가득 차올랐던 3년이었다. 늦게 배운 지적 호기심은 그칠 줄 모르고 하고 싶은 공부를 다시 하게 만들었다.

내 단점이자 장점은, 무의식이든 의식적이든 머릿속에 지식을 채워두지 않는다는 것이다. 채워두지 않는 것인지 채워지지 않는지는 나 자신도 모르지만, 잊어버린다는 말은 아니고 금방 적응이나 적용을 하지 못한다. 그것들은 가슴 안에 숨어 있다가 어느 날 불쑥 튀어나오거나 고개를 내민다. 내 몸 안으로 들어 간 것들이 곰삭아서 언제 나올지 모르기에 답답하지만, 그럼에도 불구하고 늘 미리속을 채워두어도 텅 비워지는 느낌을 지워버릴 수가 없다.

그렇다고 채우기를 포기해 버린다면 나를 포기하는 것이 되기 때문에 중단할 수가 없다. 그러나 누구하고 약속한 것들은 절대 잊어버리지 않는다. 물건도 잃어버리는 일이 거의 없다. 그렇게 오랫동안 성경공부를 하고도 말씀 하나 제대로 외우지 못하는 재주도 나의 큰 재주이다. 개인시집을 7권이나 냈는데도 불구하고 내 시 한편 외우지 못한다. 못하는 게 아니라 안 하는 것이다. 노래 한 곡 제대로 외우는 게 없으니 어느 자리에서 갑자기 부르라고 하면 난감해서 아예 그냥 몇 가지 생각나는 노래를 메들리처럼 부르고는 아무 일이 없었다는듯 태연하게 내려온다.

하나님께서는 내게 잊어버리는 달란트를 주셨는지, 스스로 생각해도 경이롭다. 그래서 그런지 매일 아침마다 혹은 늘 보는 길이나 늘 보는 사람들, 늘 대하는 물건들, 늘 보는 나무들도 내게는 매일 새롭고 신기한 일이니 한편으론 무지 고맙다. 이런 내가 백치가 아닌가? 하는 생각도 들기도 한다. 대학 내내 장학금 받으며 배운 학식은 다 어디로 가고 대화할 때 가물가물 나오지 않을 때가 많다. 멋지게 툭툭 튀어나와 줘야 할 텐데, 하얗게 비워질 때가 많으니 답답하다.

하지만 괜찮다. 이런 점들이 나의 매력이라고 생각하고 나를 위로하며 사랑하는 방법까지 알고 있으니 얼마나 다행인가. 어쩌면 시(詩)를 쓰기에는 좋은 증세가 아닐까 합리화 시키기도 한다.

가만 생각해 보니 이런 증세는 어릴 때부터 인 것 같기도 하고, 태어날 때부터인지도 모르겠다. 8년전이던가, 잡지에 실린 치매 테스트를 해보고는 혼자 깔깔 웃은 적이 있다. 15문제 중 11개가지가 치매 해당사항었으니 말이다.

자기 생긴 모습답게 사는 것이 좋다. 민들레는 민들레답게, 화려한 장미는 장미답게 김하리는 김하리답게 사는 일이 중요하다고 생각한다. 인연 따라 물 흐르듯이 거리낌 없이 사는 일 또한 잘 사는 길이라는 걸 일찍부터 알아서, 버릴 때는 과감하게 버렸다. 냉정한 구석도 없지 않아 있다.

텅 비워내고 털어내는 일 또한 중요하다. 텅 비어 있을 때의 충만함을 고통 속에서 배웠다. 제 각기 모습대로 ~답게 사는 것이 중요하다.

(2004 . 5)

우리 집 여자 이야기—2

　　기억 속 회상들을 가슴에 묻어 두고 기억상실증 환자처럼 사는 데 길들여져 있음은 어쩌면 천만 다행이라는 생각을 가끔 하게 된다. 그렇지 않았으면 힘들고 고된 이 세상을 인내하며 살아가기 힘들었을 것이다. 아픈 일들을 하나도 잊지 못하고 산다면 미쳐 버리거나 자살했을지도 모를 일이다.

　　일 년에 한두 번씩은 죽음의 유혹에 빠져 무척 우울해진다. 그래도 대부분은 살아있음의 고마운 날들이 나의 시간들을 채워 준다. 그 날들은 바람 없는 바다 위를 비추는 햇살처럼 편안하고 잔잔하다. 때로는 죽음의 유혹을 조금 느끼는 게 낫다고 생각하는 것은 아픔의 상처 위에 돋는 고마움의 싹이 더 크기 때문이다.

　　글을 잘 쓰든 못 쓰든 글을 써야만 살아 갈 수 있는 사람이라고, 나를 잘 아는 주위 사람들은 말한다. 천성적으로 잠시도 가만히 놀지 못하는 성격이다. 아이들 어릴 때도, 성장해 가면서도, 늘 일을 했다. 잘하지 못하는 살림이지만 다른 사람 손 한 번 빌린 적 없다.

신학대를 졸업하고 나서 반포에서 음악학원을 운영하게 되었다. 어느 봄날 두 딸의 손을 잡고 예술의 전당에 놀러가 우연히 클래식기타 연주를 감상하고는, 너무나 아름다운 선율에 강한 충격을 받게 되어 저렇게 아름다운 음악을 실컷 듣고 접해 보고 싶은 생각에 곧바로 클래식 기타 음악학원을 열어 십년 넘게 운영한 것이다.

날마다 오후에는 오픈연주회를 열어 누구든지 오가며 복도에서 감상할 수 있게 하였고, 한 달에 한 번씩은 발표회를 열었다. 매일 듣는 연주지만 날마다 새록새록 감동으로 넘쳐나 너무나 행복했다. 대부분 외국에서 정식으로 클래식기타를 공부한 선생님들을 초빙하였다.

한 달에 한 번씩 학원광고전단 돌렸는데, 아파트 수천 세대 집집마다 다니면서도 지칠 줄을 몰랐다. 밤 9시쯤 돌리기 시작하면 다음 날 아침 중고등학생들이 등교하면서 광고지를 들고 가는 모습이 보이고 내 손에는 한 장의 종이도 남아 있지 않았다. 무슨 일인가 열심히 하고 있다는 자체가 마냥 좋았다.

그러면서 한양대교육원 문예창작과에 입학하여 2년간 수학했고, 문단에 데뷔하고 한국문인협회 회원이 되었다. 유수 같은 시간 속에서 두 딸은 튼

튼한 나무처럼 쑥쑥 잘 자라 주었다. 시간 속에서 변해 가는 것들도, 잊혀지는 것도 있었다. 죽을 때까지 퇴색하지 않을 것만 같았던 사랑인지 정인지가 바쁜 틈 사이로 병든 줄기처럼 올라와서 내 살을 갉아먹기도 했다.

인생사 돌고 돈다더니, 불행도 한꺼번에 몰려서 왔다. 그 무렵 한참을 더 사셔도 될 나이에 친정아버지가 돌아가셨다. 몇 년 후에 어머니마저 돌아가시고 나는 황량한 벌판에 덩그마니 혼자 서있는 고아가 된 것 같았다. 정신적 지주가 없어졌으니 막막하기만 했다. 두 딸이 있음에도 매일 죽음의 유혹을 뿌리치지 못하고 방황했다.

매일 밤 어머니께 전화를 걸던 아파트 공중전화 부스에서, 동전을 넣고 대답 없는 어머니를 부르다가 울다 지쳐 돌아왔다. 부칠 곳 없고 받는 이 없는 부모님 전상서들은 차곡차곡 세월과 더불어 내 아픔과 더불어 책상서랍에 쌓여 갔다.

얼마나 흘렀을까, 꽤나 길었던 그 시간을 벗어나자 훨씬 성숙해지고 억척스러워진 내가 있었다. 그림으로 표현할 수 있다면, 성난 파도 이는 밤바다에서 양 팔에 아이들을 끼고, 길고 긴 어둠이 언제 사라질까 기다리며, 멀리 어렴풋이 보이는 수평선 너머의 희부연 육지를 기리며 서 있는 나를 그리고 싶었다. 밝고 힘차게 솟아오를 아침 해를 기다리며 이를 악물고 어둠의 물결을 헤쳐 나오는 내가 그려졌다.

평생 동안 가보지 않아도 될 경찰서로, 병원으로, 두 건의 형사소송 문제로 법원으로 쫓아다니며, 써먹지도 못한 가스총을 2년 넘게 소지하고 다녀야 할 만큼 두렵고 무서운 불면의 시간들을 보낸 적이 있었다. 어두울수록 빛은 힘을 발한다는 진리를, 그 다음에 알았다. 주어진 생이 소중하다는 것도, 작은 것에 감사할 때 행복하다는 것도 알았다.

나는 더 이상 소심한 여자가 아니었다. 작은 사람이 아니었다. 두려울 것도 무서울 것도 부끄러울 것도 없는 두 아이의 어머니였다. 비록 아내의 자리는 포기하였지만 깊이 생각하고 결정한 일인지라 후회는 없었다. 더불어 진리가 승리하는 쾌감도 맛보았다. 폭풍우 이는 밤바다가 지나고 수평선이 뚜렷하게 보일 때 알 수 있었다. 행복이란 작을 것임을, 모든 일은 마음먹기 나름임을.

내 가슴은 더 단단해지고 편안해졌으며, 풍요롭고 당당하며 용기도 생겨 웬만한 일에는 동요하지 않는다. 진정 소중한 게 무엇인지를 알기 때문이다. 많이 부족하지만 내게 주어진 그릇을 진정한 사람됨으로 채우려 노력한다. 참된 기쁨이 무엇인지 알고 자유를 사랑하며, 그것을 내 것으로 만들 수 있는 자신이 대견하고 자랑스럽다.

씨도둑은 못한다는 옛말이 있다. 정말 이상하리만치 부모와 자식은 어쩌면 그렇게 닮는지 경이롭다. 나 역시 나이를 먹을수록 영락없이 어머니를 닮아 갔다. 어머니 나이 때가 되니 어머니가 하시던 말씀에 다 공감이 갔다. 부모와 인연을 맺는 것도 하늘의 뜻이요, 인연이 존재하면 악연도 존재한다는 것, 모든 세상사 맺어진 관계 속에서 이루어지는 행, 불행도 피할 수 없는 운명이라는 지론에 고개를 끄덕이고 인정하게 된다. 인연도 어느 날 찾아오고 행,불행도 언제나 불청객처럼 찾아왔다. 국화를 바라보면 서정주 시인의 '국화 옆에서' 라는 시가 저절로 떠오른다. 말했지만, 두 건의 형사소송과 더불어 교통사고를 당하고 내게도 IMF가 닥쳤다. 게다가 수경이 학교 문제까지 한꺼번에 몰려 왔다.

성경에 보면 하나님은 감당치 못할 고난을 주지 않는다 했다. 사랑해서 주는 거라니, 하나님은 내편일거라고 나는 굳게 믿었다. 돌아가신 부모님 영혼이 도와줄 거라고도 믿기로 했다. 지푸라기라도 잡고 싶었던 심정이었지만 죽기 아니면 까무러치기라 독하게 마음 다잡고 있었던 터라 겁나는 것이 아무 것도 없었다.

두 딸과 함께 살고 있던 집은 아주 오래 전에 적은 돈으로 구입한 11평이 조금 넘는 연립주택이었다. 오래된 집이라 무너질 지경에 이르자 16세대 주민들이 공유면적도 있고 하니 넓혀 재건축을 하자 하여 집을 헐고 융자를 받는 과정에서 우리 집 땜에 융자를 받을 수 없다고 했다. 알아본 즉, 내 명의로 된 우리 집이 가압류가 되어 있었다. 남도 아닌 애들 아빠 소행이었다. '바람이 나서 아내가 가출을 했다. 아내를 대신해서 남편인 본인이 관리해야 된다.'는 것이 사유였다. 멀쩡히 함께 살고 있는 아내를 가출자로, 벌써 몇 달 전에 경찰서에 신고까지 하고 가압류를 해놓았던 것이다. 남편 명의로 된 집도 있는데 말이다.

머릿속이 하얗게 비워지며 몸 안의 피들이 모조리 빠져나가는 것 같았다. 배신감이라는 게 이런 거로구나 싶으면서 비열한 행동에 재고의 여지가 없었다. 형사소송을 제기하고 재판이 진행 중에 재건축공사가 계속되었다.

그런 작은 재건축현장에서도 부패가 곰팡이처럼 피어나고 있었다. 건축주는 법망을 피해 덫을 놓았고, 순진한 주민들은 자기 돈을 주고 제 집을 짓는데도 빤히 보이는 피해를 바라보고 있을 수밖에 없었다. 내가 죽은 사람이 아니기 때문에 그냥 모른 척 하는 것은 권리를 포기하고 자존심을 팽개쳐 버리는 짓이다. 권리를 당연히 찾아야겠다는 생각에 분노와 독이 오를 대로 오른 나는 그들이 원하는 일에 한 치도 협조하지 않았다. 원래의 계약서대로 하기를 바라는 나에게 수없는 협박을 해왔고, 그러면 그럴수록 정신을 차리고 더 단단히 무장했다. 호랑이 굴에 잡혀가도 정신만 차리면 살 수 있다는 굳은 각오로 임했다.

건물주 허락 없이 건축주와 위원장이 인감을 파서 마음대로 설계변경을 했는데도 주민들은 무섭고 두려워 가만히 앉아 당하고 있었다. 나 혼자서 변호사사무실, 건축협회, 경찰서, 구청 등을 다니며 자문을 구하고 자료를 모았다. 청와대에도 편지를 보냈다. 그리고 사문서위조의 죄목으로 형사소송을 제기하였다. 그러는 와중에 교통사고를 당해서 몇 개월간 병원을 다녔지만, 그래도 포기하지 않았다. 하늘 우러러 당당한 까닭에 분명 이길 것이라는 확신을 가지고 있었다.

그러던 중 IMF가 터졌다. 온 국민이 겪는 일이라 나 역시 별무 대책으로 기다리는 수밖에 없었다. 학원비를 가져 오지 못하는 아이들은 갈수록 늘어났지만 모두들 어려운 때라 독촉 할 수가 없었다. 나만 겪는 일 아니니 어떻게 되겠지, 가는 데까지 가보자, 설마 굶어 죽기야 할까 하고 버텼다.

젊은 엄마들이 돈 벌러 간다고 잠깐만 봐달라고 맡긴 대여섯 살짜리 아이들을 한 명, 두 명 봐주다보니 열 명이 넘었고, 학원이 무료탁아소가 되어버렸다. 학원비를 가져 오지 못하는 스무 명 정도의 학원생들이 늘어나자 학원을 운영할 수가 없었다. 선생님들 봉급을 줄 수가 없었기 때문이다. 문을 닫을 지경이 되었지만 끝까지 남아, 봉급도 받지 않고 어려운 고비를 함께 넘긴 이 선생님 같은 고마운 분이 있었기에 무섭고 어려운 터널을 무사히 통과할 수 있었다.

소송은 2년이 걸렸다. 사문서 위조에 관한 형사소송과, 거짓으로 꾸미고 가압류를 낸 남편에 대한 이혼을 전제로 한 형사소송, 두 건의 송사에서 보란 듯이 승소를 했고, 그 때 사건들을 매일 빠짐없이 기록한 일기들만 덩그러니 남아 있다.

우리 집 여자 이야기—4

한차례 소나기 무섭게 다녀간 뒤처럼 모든 일들이 언제 그랬냐는 듯이 평온해졌다. 그러는 사이 선주는 대학을 졸업하고 증권회사에 취직을 하였고, 수경이도 대학에 진학했다. 겉으로는 평온한 듯했지만 사나운 파도가 휩쓸고 간 여파는 반기지도 않는데 숨어 있다가 불쑥 솟구치곤 했다.

쌓인 스트레스, 교통사고 후유증과 그간의 긴장이 풀리자 온 몸이 아프기 시작했다. 8개월 동안 오른쪽 팔에 마비가 와서 수저도 못들 정도였다. 다리는 물론 온 몸이 저렸다. 병원에서는 무조건 쉬라고 했다. 오늘은 물리치료실, 내일은 한의원, 다음날은 카이로프랙틱으로… 몸이 아프니까 우울증까지 오고 세상 모든 것들이 시들하고 귀찮아져 갔다. 사람들이 징그럽게 싫어졌다. 그렇다고 산 속에 들어가 살 수도 없는 일이고, 어떡하든 사람으로 인해 받은 상처는 사람과 더불어 치유하라는 말처럼 노력을 했지만 무척 고통스러웠다.

혼자 무인도에 온 것만 같은 외로움에 괴로워 견딜 수가 없었다. 소송을 해 놓고 처리하러 다닐 때보다 다 끝난 뒤가 더 힘들었다. 그 때 선주가 내 손을 잡고 간 곳이 바로 명동에 위치한 서울예전이었다. 지금 엄마가 갈 곳은 이곳이라며, 새로운 세계에서 한번 신나게 놀아 보라고 하였다. 화투도 한 번 잡아본 적 없고, 춤에도 흥미 없고, 여럿이 여행 가는 것도 별로 좋아하지 않으니 엄마는 공부하는 게 노는 거니까 실컷 놀아 보라고 하였다.

미친 듯이 빠졌다고 하는 표현이 맞으리라. 닥치는 대로 책을 읽고 영화를 보고 집에서는 비디오를 보고 연극을 보러 다녔다. 한 달에 40여 편의 영화와 연극과 비디오를 봤으니 많이 봤다고 할 수 있다. 희곡을 쓰기 위해서 많은 연극을 보는 것은 물론, 직접 대본을 쓰고 배우로 직접 연기까지 했다. 무대와 조명, 분장, 무대복도 만들어야하니 노숙자처럼 학교에서 살다시피 했다.

서울예전 수업 방식은 거의 조별 모임이고 스파르타식 실전이라 조금만 게을리하거나 미치도록 공부하지 않으면 졸업할 수가 없다. 시나리오와 드라마를 부전공으로 했다. 입학 때 80명이었는데 한 학기가 지나면 반으로 줄고, 졸업 때는 20명 정도밖에 남지 않으니 얼마나 힘든지를 알 수 있다.

미친 듯 매달려서인지 젊은 학생들도 졸업이 어렵다는 과정을 매학기 장학금을 받으며 졸업할 수 있었다. 개교 이래 내가 가장 나이 많은 학생이라고 들었다. 시인으로 데뷔하고 다른 대학을 졸업한 사람이, 자식 또래의 동료들과 함께 공부한다는 것, 남들 눈 의식치 않고 한다는 것이 여간 어렵지 않았다. 시쳇말로 얼굴에 철판 깔고 씩씩하게 해야 했다. 체면 따위로 중도에 포기하는 것은 남은 삶을 포기하는 것과 같다고 생각했다.

연세 많은 교수님들이 많이 배려해 주셨다고 생각할 수도 있으나 얼렁뚱땅이 없는 서울예전의 특성으로는 아니었을 것이다. 성적도 냉정한 편이어서 놀 거 다 놀고 잘 거 다 자고, 멋 부릴 거 다 부리다가는 졸업할 수 없다. 열심히 죽어라 공부하는 학생들한테는 학과 단체 체육복이 교복이자 이불이었다. 연극 연습하다가 강당이나 강의실 어디든 쪼그리고 신문 한 장 덮고 눈 붙이면 침실이 되었다. 그야말로 멋진 노숙자 생활을 방학도 없이 꼬박 2년을 했다. 참으로 값지고 멋진 여행이었다.

졸업을 하고나서 작품을 쓰니 폭이 훨씬 넓어진 느낌이 들었다. 졸업하던 해에 극단 '기린'을 서울예전 교수님과 함께 창립했다. 다음해에 졸업한 수경이가 기린의 배우로 활약했다.

원고를 쓰고 강연도 하고, 특강, 노랫말 쓰기를 집중적으로 하면서 나만의 시낭송 음반을 냈다. 우연히 불교공부에 심취하면서 찬불가를 만들고 반야심경, 신묘장구대다라니, 금강경, 부모은중경 등 낭독음반도 냈다. 불교 시집과 9번째 시집도 내는 등 바쁜 생활과 더불어 긍정적으로 생각하려고 노력했다. 제 시간에 식사하고 제 시간에 자는 등 계획적으로 생활하니까 건강도 많이 회복되고 오히려 일이 많아졌는데도 더욱 건강해졌다.

우리 집 여자 이야기 - 5

여러 날 동안 시집 출간 준비로 무리를 했더니 교통사고 후유증이 재발하여 또 다시 병원을 다녀야 했다. 기력이 다 떨어졌는지, 기운이 없어 무척 힘이 들었다. 만 4년 넘게 다닌 천사원도 일주일에 한 번, 주일 아침 일찍 가서 하루 종일 아이들과 놀다가 늦은 밤에 돌아오곤 했는데 몸이 피곤하니까 게을리 하게 되었다.

작년부터는 작곡가 안치행 선생님과 함께 가수들의 노래를 취입하고, 기념음반과 시낭송시디를 만들고 노랫말 쓰는 일을 본격적으로 하고 있다. 내 적성에 딱 맞는 일이라 즐겁고 좋다. 우리 집에서 사무실까지 거리는 걸어서 10분에서 15분 정도 걸린다.

작년에는 '김하리 소리시집'을 냈다. 많이 알려지지 않아서 그런지는 모르지만 시를 쓰고 시인이 직접 시낭송을 해서 개인시디를 낸 것은 우리나라에서 처음이라고 한다. 그 일로 라디오 방송에도 몇 번 출연하고 가수들에게 노랫말을 써 주기도 했다.

올해는 수경이와 함께 모녀음반을 냈다. 수경이는 노래를, 나는 시낭송을 했다. 수경이와 둘이서 노랫말도 썼다. 지방행사에 초대되면 전국을 다니며 노래도 부르고 여행도 할 수 있어 일석이조였다. 개나리 피는 봄인가 싶었는데 전국을 한 바퀴 돌고 나면 벌써 춥다는 소리가 나오니 정말 세월 빠르다는 걸 실감하게 된다.

안 선생님과 찬불가 음반을 내기로 했다. 그러자면 불교에 대해서 많이 알아야하기 때문에 불교공부에 전념했고, 불교시디를 냈다. 지금 불교티브이에서 광고 중이다. 그 덕분에 안 선생님과 함께 불교라디오방송과 불교티브이 방송에도 여러 번 출연했다.

신학대학을 나온 사람이 왜 불교 노랫말을 쓰고 사업을 하냐는 질문을 많이 해온다. 글 쓰는 사람은 무슨 공부든 할 수 있음 해야 한다는 생각이다. 오히려 불교공부를 하면서 많은 것들을 배웠다. 앞으로도 무엇이든지 배우고 싶고 알아야 할 것은 도전해 보려고 한다. 사랑마저도 최선을 다하여 해보리라.

앞으로 더 이상 나와 우리 두 딸에게 나쁜 일이 생기지 않으리라 믿는다. 혹 생긴다 해도 이미 많은 일을 겪었기 때문에 무섭지도 두렵지도 않을 것이다. 우리 세 모녀는 능히 이겨낼 지혜와 용기를 가지고 있기 때문이다.

선주(현경), 수경이(은경)는 나의 딸이다. 두 딸의 이름을 조용히 불러 본다. 현경이는 2006년도에 이름을 선주로 바꾸었고, 은경이는 2004년도에 수경이로 바꾸었다. 부모가 자식 이름을 바꿀 때는 앞날이 잘되기를 간절히 바라는 마음에서다. 어느새 결혼할 나이가 되었다니, 세월이 빠르다는 것을 두 딸을 보면서 새삼 느낀다. 두 딸과 살아 온 지난 일들이 영화필름 돌아가듯 떠오른다. 가슴 밑바닥에 고여 있던 기억들이 분수처럼 솟구친다. 세 모녀가 길고도 먼 길을 돌고 돌아 오랜 항해를 한 것 같기도 하고, 손을 잡고 긴 꿈을 함께 꾼 것도 같다. 세상 어느 부모나 똑같은 마음이겠지만, 두 딸은 하늘이 특별히 내게 내려 주신 귀한 선물이다.

선주는 말이 없고 책임감 강하며 속내가 깊어 장녀답다. 애교가 있거나 조잘거리진 않지만 변덕이 없고 심지가 깊다. 하는 일도 완벽하리만치 말없이 잘해낸다. 부지런하고 검소하고 알뜰하다. 흠이라면 동물들을 너무 좋아하는 것이다.

직장 다니면서 음악을 하는 선주는 매일 바쁘다. 그룹에서 기타를 연주하며 공연을 다닌다. 작곡가로서도 열심히 공부하는 선주를 보면 대견하고 믿음직스럽다.

수경이는 순수하고 명랑하며 이른바 끼가 많다. 친구 좋아하고 의리 있고, 좋아하는 일에는 미친 듯 빠지지만 싫은 것은 아예 쳐다보지도 않는 단순한 성격이다.

고등학교 다닐 때 내가 소홀히 해서 그랬는지 학교생활에 제대로 적응하지 못해서, 휴학계를 내고 내가 운영하는 학원에서 일을 도우며 일 년을 보냈다. 일 년 뒤 복학을 했지만 적응은 더 어려웠다. 고심 하던 중 우연히 아침방송에서 전라도에 위치한 대안학교를 보게 되었다. 문제아들이 가는 학교라고 혹평을 했지만 그런 학교들이 많이 생겨야 한다는 생각을 갖고 있었기에 방송을 보자마자 곧바로 대안학교를 찾아 갔다.

산 넘고 물 건너라는 말처럼 혼자서 그렇게 먼 길을 가 본 것은 처음이었다. 먼 길을 찾아 간 학교는 나를 실망시키지 않았고 우리 수경이가 꼭 가야 할 학교라는 확신을 주었다. 다니던 학교에 자퇴서를 내고 수경이를 데리고 대안학교로 갔다.

지방이긴 해도 산과 들이 있는 산골이라고는 미처 생각하지 못했던 수경이는 자신을 산골 어딘가에 아무렇게나 내동댕이치는 건 아닐까 싶었는지, 한숨만 푹푹 쉬었다. 그러나 학교에 도착해서 선생님들과 친구들을 만나보고는 얼굴이 환해지면서 잘하겠노라고 하였다. 서울로 향하는 내 등 뒤에서 닭똥 같은 눈물을 뚝뚝 떨구는 수경이를 보는 순간, 생뚱맞게 친정어머니 모습은 왜 떠오르는지, 함께 울어버렸다.

스무 살 갓 넘은 나이에 결혼하여 아이를 낳고, 경기도 화전이라는 곳에서 군복무하는 남편과 결혼생활을 하고 있을 때 어머니가 오셨다. 역에서 만나는 순간부터 어머니는 억장이 무너지는지 너무 기가 막혀 단 한마디 말도 하지 않았고, 내가 살고 있는 집에는 들어가지도 않았다. 곧바로 논두렁길을 되돌아가면서 몇 번이나 고개를 돌려 아이를 업고 서 있는 나를 보고 또 보았다.

어머니 두 눈에서 하염없이 흘러내리는 눈물을 보았다. 그 때 어머니 눈빛은 회색빛이었다. 지금도 그 때만 생각하면 목이 메이고 눈물이 난다.

지금 내가 딸 앞에서 눈물 흘리는 눈은 회색빛일까? 어머니 마음을 이해하고도 남는다. 전라도에서 서울로 돌아오는 차 안에서, 딸을 낯선 곳에 놔두고 왔다는 슬픔보다는 돌아가신 어머니가 더 그리워 울면서 왔던 기억이 난다.

수경이는 전학 간 학교환경에 잘 적응하면서 무척이나 밝고 긍정적으로 바뀌며 부쩍부쩍 자라갔다. 남들 다하는 고등학교 졸업식이지만 나는 세상을 다 얻은 것처럼 자랑스럽고 기뻤다. 선행상까지 받았으니 말해서 뭣하랴. 내가 살아오면서 기뻤던 일 세 가지를 꼽는다면 그 중 하나가 수경이의 고등학교 졸업식이다.

뮤지컬배우나 연극배우가 되길 원했던 수경이는 예술대학에 입학했다. 이왕 전라도에서 공부하려면 이참에 판소리를 배워 두는 것도 좋을 것 같아서 백제예술대학 전통공연예술과(판소리과)를 마쳤다. 졸업 후 바로 극단에 들어가서 '하녀들'이란 작품에서 끌레르라는 주인공을 맡아 연극배우의 길로 들어서더니, 다음 해 음반을 내면서 '수경'이라는 예명으로 바꿨다. 홍보비용이 없어 지방공연만 다니지만 다행히 불러 주는 곳이 많아 올해만 서른 번 정도 공연을 했다. 나와 함께 다니며 모녀간의 정(情)도 더 돈독해졌다. 작은 회사에 소속되어 노래도 열심히 하는 수경이가 참으로 자랑스럽고 사랑스럽다.

푼수가 그리운 시대

'함께'라는 통로

오늘처럼 보슬보슬 비가 내리는 날, 유리창 밖으로 또르르 굴러 떨어지는 빗방울 하나하나에 그리운 이들의 모습이 그 이름과 함께 새겨진다. 한결같이 예쁘고 그립고 아름다운 존재들이다. 그리고… 무진장 보고 싶다.

같은 생각으로 같은 길을 함께 걷고 또한 그리워하며 산다는 일이 얼마나 아름다운 일인가. 그것이야말로 살아있음의 확인이 아닌가. 어쩌면, 그래서 사람들이 만들어 낸 것이 인터넷 세상일지도 모르겠다. 직접 만나서 체온을 나누지는 못하지만 '함께' 라는 통로를 빌려 만날 수 있는 장이다.

세상에 존재하는 '누구나' 는 실은 외롭다. 제각기 가슴마다 밑바닥에 고여 있는 외로움을 나누며 진솔한 삶을 이야기하고, 인간 본연의 그리움과 사랑을 표현함으로써 같은 마음, 같은 생각을 지닌 사람들이 함께 나누고 싶어서 카페 모임을 만들고 이메일을 주고받으며, 문자를 보내고 전화를 하는 등, 매개체를 이용한다. 진심으로 서로의 안녕을 기원하는 마음— 살아 있음의 기쁨을 서로를 통해 확인하려는 솔직하고도 충실한 욕구의 발현이다.

마음이 통하는 이들끼리 가상의 매질(媒質)을 이용해 교감함으로써 더불어 살고 있다는 소박한 기쁨을 누리는 것, 그리워하며 안녕을 묻는 일은 축복이며 자연스럽고도 당연한 일이다.

'꽃은 홀로 있어도 아름답다.' 고 했지만 많은 꽃들이 함께 모여 꽃밭을 이루면 훨씬 더 아름답지 않을까? 이왕에 모임을 가졌다면 좀 더 많은 것을 함께 나누는 게 마땅하지 않을까? 혼자서도 충분히 아름다워질 수 있다는 생각을 가졌다면 처음부터 자기만의 통로를 만들면 될 것이다.

'숫다니파타' 의 명구 중에 문득 떠오르는 말이 있다.

'무소의 뿔처럼 혼자서 가라' 는 말은 불의와 타협치 말라는 뜻이며, 사람으로서 가지 말아야 할 길을 갈 바에야 쓸쓸해도 혼자 가라는 뜻임을 알아야 한다.

어차피 저마다 가야 할 길, 통로도 통로 나름이다.

(2007. 5. 18)

푼수가 그리운 시대

나는 아직 푼수의 뜻을 잘 모른다. 사전에 찾아보면 '생각이 모자라고 어리석은 사람'이라고 쓰여 있다. 분명 그 뜻을 읽고 조근조근 따지면 기분이 썩 유쾌하지만은 않다.

얼마 전, 고향 후배 김수종 기자와 성우 김영민을 만나러 여의도 방송국에 갔었다. 대화중에 뜬금없이 요즈음은 푼수가 사라진 지 오래 되었다며 한탄하였다. 아니, 그립다고까지 하였다. 뜻을 보면 그리 좋은 것은 아닌데 왜 사람들은, 아니 남자들은 조금의 푼수 끼 있는 사람을 좋다고 하는지 아직도 이해할 수는 없다. 아마 내숭 떨지 않고 있는 그대로의 모습과 생각을 솔직하게 표출하는 사람을 귀여운 푼수라고 일컫는 셈인데, 하필 왜 어리석고 모자라는 사람을 푼수라고 하는 것일까?
물론 고향 선후배 관계도 있고, 편하고 친하다고 생각해서 그러는지 몰라도 김엽 선배님께서도 가끔 나더러 푼수라고 말씀하시곤 한다. 행동 곳곳에서 묻어 나온다나 어쩐다나? 헌데도 그리 기분 나쁘지 않다. 작곡가 안치행 선생님과도 10년 가까운 세월을 같은 사무실에서 함께 작업하며 지내다보니 한 가족처럼 편하다.

안 선생님 역시 가끔 푼수라고 말하는 것이다. 푼수도 아무나 하는 게 아니라는 두 분의 지론이다. 말귀 못 알아듣는 그런 바보 같은 푼수 말고 끼가 있는 푼수를 지칭하는 것이라고 해석까지 덧붙여 주셨다.

연예인은 푼수 끼가 없으면 연기와 노래를 못하듯이 사람 많은 무대에 올라가 시를 낭송하는 것도 마찬가지라는 것이다. 나는 어느 정도 친해지면 내숭을 떨거나 점잖은 행동은 안 한다. 편한 게 좋은 게 아닌가. 스스럼없이 웃고, 말하고, 먹고 한다. 그런 나를 보고 차마 사람들은 푼수라고 말하지는 않는다. 오랜 세월 동안 친해져서 '나도 좀 푼수쟈?' 물으면 못 이기는 척 그렇다고 답하는 걸 보면 나도 푼수인 게 확실하긴 한가보다.

아마 내가 사람들에게 '나는 참 착한 사람이예요.' 한다거나, 못 하는 노래라도 시키면 살짝 거절할 듯하다가 씩씩하게 부른다거나, 사람이 많은 자리라도 스스럼없이 무대에 올라가 시낭송을 한다거나, 높은 위치에 있다 해도 궁금한 건 다 물어보는 나를 보고 푼수라는 단어를 쓴다고 하였다. 누구나 그렇지만 나라고 아무한테나 낯을 가리지 않는 건 아니다. 너무 잘난

척 하거나, 여자 같은 경우에는 너무 천박한 말이나 행동을 하는 사람하고 는 눈길조차 섞기 싫다.

워낙 사람을 좋아하기도 하지만 보기와는 달리 털털하다는 평을 많이 듣 는다. 내숭을 떠는 깍쟁이 같아야 되는데 거침없이 표현하는 편에 속하는 성격이라서 그렇게 평하기도 하겠다. 이 세상에서 나를 보고 푼수라고 말 하는 사람은 몇 명 되지 않는다. 가끔 '푼수' 라는 뜻이 생각나 살짝 기분이 상해지려하다가도 푼수 단어 앞에 '귀여운' 이 붙으면 나도 몰래 좋아라, 웃는 나는 정말 푼수인가보다.

'요즘 시대에는 푼수가 없어서 푼수가 그립다' 는 김영민 씨의 말이 가슴에 와 닿는다. 꽉 채워져 비집고 들어갈 틈이 없는 사람보다 약간 비어 있어 여유가 있는 넉넉한 사람으로 해석하고 나는 영원한, 귀여운 푼수로 살아 가련다.

(2008. 2)

마음의 쉼표자리

– '고향을' 주제로 한 전시회에 부쳐

삶의 한가운데서 지치고 힘들 때, 언제나 쉴 수 있는 마음의 쉼표와 같은 곳이 고향이다. 한없는 넉넉함으로, 그 어느 곳보다 따뜻하고, 한가위 보름달을 닮은 풍성함으로 언제이고 갈 수 있는 곳, 꽁꽁 언 가슴을 어루만지는 봄처럼 변함없이 반겨 주는 곳 또한 내 고향이다. 그리움을 젖으면 언제고 척 꺼내어 주는 추억의 은행이다.

시인에겐 글의 소재를, 화가에게는 꿈의 구도를, 음악가에겐 선율의 음보를 주니 얼마나 고마운 일인가. 가리지 않고 누구의 가슴이나 포용하며 받아주고 감싸는 곳이니 어찌 고마워하지 않을 수 있으랴. 가슴속 첫사랑처럼 남아 낭만적으로 서정적으로 감각적으로 애상적으로 가슴을 적셔 주기에 모든 사람들이 그리움의 은유대상으로 고향을 찾는다.

사람들 가슴의 겨울 풍경은 있어도 추위 없는 곳이 고향이다. 겉으론 꽁꽁 얼어붙은 얼음장이어도 얼음장 밑으로 저 만치 봄이 오고 있음을 알 수 있음은 어머니와도 같이 변하지 않는 사랑을 태어날 때부터 알기 때문이다.

고향은 우리들의 사랑이며
고향은 우리들의 희망이며
고향은 우리들의 낙원이며
고향은 우리들의 심장이며
고향의 우리들의 뿌리이며
고향은 우리들의 어머니이며
고향은 우리들의 의식세계에서 무상세계로
항시 꿈꿀 수 있는 넓고 푸르른 젖의 대지이다.

우리들이 언제나 그토록 그리워하고, 보고 또 봐도 들어도 자꾸 들어도 질리지 않는 고향을 주제로 다시 한 번 우리들 가슴속에 상기시켜 주는 전시회를 열어 준 것에 참 감사하다. 지치고 비어 있는 우리들 가슴속에 한가위 닮은 고향을 환하게 비춰 주듯 따뜻함과 넉넉함, 뿌리, 봄, 꿈, 그리움, 푸르름, 희망 등을 잘 담아내고 있어 보는 것만으로도 넉넉하고 푸근해서 참으로 고맙다.

짙푸른 보리밭 사이로 부르는 노랫소리가 바람에 실려 들려오는 듯하다.

'나의 살던 고향은/꽃 피는 산골/그 속에서 놀던 때가 그립습니다/
봉숭아꽃, 살구꽃, 아기 진달래…그 속에서 놀던 때가 그립습니다…'

라디오 방송을 듣거나 티브이를 시청하고 있으면, 특히 토크쇼나 인터뷰, 드라마를 시청하다보면 대화 속에서 "…같애요."를 아무 생각 없이 많이 사용하는 것을 볼 수 있다. '확실하게 그렇다' 는 대답도 "그런 것 같애요."라고 표현하는 것을 보면 답답함을 느낀다. 나 역시 이 어휘에 신경 쓰지 않았을 때에는 아무 생각 없이 썼었다.

93년도 대학로 품바연극극장에서 '한민족방언시학회' 출판기념회가 있었는데 회원이었던 내가 그 날 사회를 맡게 되었다. '한민족방언시학회' 는 몇몇 시인이 뜻을 모아 잊혀 가는 전국의 사투리를 잘 보존해야 하지 않겠느냐는 취지에서 각도 출신 시인들이 발족한 시동인 모임으로, 그 첫 동인지 출판기념회였다. 매월 동인들이 모여 각자 방언으로 시를 써서 발표회를 갖고 서로 토론회를 가졌다.

우리나라에서는 처음으로 시도한 방언시운동이라 문단과 언론매체에서도 많은 관심을 나타내었다. 열정을 가지고 몇 년 동안 방언시 공부를 하고 동인지를 내었는데, 회장이시던 김시라 선생님의 갑작스런 타계로 유아무야 되어 버렸다. 각 도에서 올라오는 시인들의 숙식을 김 선생님께서 자상하게 배려하셨기에 가능했었다. 김 선생님이 돌아가신 후에는 열정도 식어져 버렸다. 김시라 선생님은 연극 '품바'를 연출, 각색한 연극인이셨으며 나와는 같은 문학지를 통해 함께 등단한 인연이 있는 시인이다. 참으로 많이도 베푸셨고, 열심히 사신 분이다. 그 분 가족들과도 친형제처럼 지내는 사이였던 터라, 김 선생님의 타계는 가족을 잃은 것만큼이나 큰 슬픔이었다.

출판기념회에는 많은 분들이 참석해 주셨고 시종일관 화기애애한 분위기로 성공리에 마쳤다. 사회를 본 두 시간 동안은 진땀나는 시간이었다. 행사를 다 마치고 쉬고 있는데 원로시인이신 황금찬 선생님께서 인자하게 웃으시며 내 곁에 오셨다.

"김 시인, 아주 열심히 사회를 잘 봐서 분위기가 참 좋았어요. 수고했어요. 그런데, 아쉬움이 한 가지 있는데, 앞으로 김 시인이 사회를 더 잘 보게끔 내가 소감 한마디 해도 될까요?"

"네. 그렇게 해주신다면야 저야 영광이지요."

"방송을 시청하거나 사람들 대화하는 것을 가만히 들어보면 '그런 것 같애요. 저런 것 같애요'를 참 많이 사용합니다. 오늘 사회를 보는데 김 시인도 많이 쓰더군요. 마치 그 말을 사용함으로써 은연중 겸양의 미덕처럼 생각이 들어서인가 봐요. 알맞은 말이 없을 때, 얼버무릴 때 많이 사용하더군요. 저는 확실성과 믿음성이 없어보여서 웬만해선 사용을 안 한답니다. 정말 꼭 사용해야 할 때 사용하지요. 우린 글을 쓰는 사람이고 내가 김 시인을 아끼는 마음에서 말하는 건데 괜찮지요?"

당시 칠순을 바라보시던 대선배 원로시인 황금찬 선생님께서 부드럽게 웃으시며 따끔히 지적해 주셨다. 평소 후배시인들이나 모든 사람들에게 웃으시며 격의 없으신 모습으로 대해 주시는 분이시라 주위의 존경을 많이 받으시는 선생님이시다.

어찌 고맙지 않을 수가 있으랴. 그 날, 그 이후부터 나는 '…같아요.'를 거의 사용하지 않고 있다. 정말 꼭 사용해야 할 때만 사용한다.

티브이 방송을 시청해도 그렇고 사람들 대화하는 것을 들으면 실제로 그 말을 남용하고 있음을 이내 알게 된다. 나 또한 그렇게 지적받기 전까지는 모르고 지나쳤는데 그 날 이후부터는 내 귀에도 많이 거슬렸다. 옷차림과 말투와 사용하는 말은 곧 그 사람의 인격의 바로미터라고 한다. 황금찬 선생님의 고마운 가르침에 고무되어 그 후부터 대화를 하거나 글을 쓸 때 재빨리 생각들을 정리하면서 말하는 습관이 만들어졌다. 처음엔 힘이 들었는데 습관이 되니까 자연스러워졌다. 좋은 말, 친절한 말, 예의 바른 말, 힘 있는 말에서 풍기는 향기는 말하는 사람의 인품과 살아가는 모습에서 우러나기 때문에 될 수 있는 대로 좋은 말을 사용하는 습관을 몸에 익혀야 한다. 말에 따라 행동도 바뀌는 나 자신을 느낄 수 있다.

글을 쓰는 사람은 무척 힘들게 글을 쓰게 마련이다. 부호 하나에도, 줄 바꾸기와 띄어쓰기에 따라 뜻이 많이 바뀌기 때문에 엄청나게 많은 고민을 한다. 시 한편이 운 좋게 단박 써지는 일도 어쩌다 있지만, 시 한편으로 몇 년이 아니라 십년이 넘는 일도 많다. 글과 말은 일단 활자화되고, 내뱉은 말은 다시 주워 담을 수가 없기 때문에 언제나 삼가서 사용해야 한다.

(2000. 5)

色 쓰는 男子 '남유소'

　　　　　1966년 서라벌예대를 졸업한 천생 환쟁이일 수밖에 없는
남유소 화백. 한때는 사진보다 정교한 북한 현장 상황이 필요하다는 이유
로 지원하여 HID로 북파된 적도 있었다 한다.

추운 겨울, 덜덜 떨면서 30분 이상 줄을 서서 기다려야 먹을 수 있는 을지
로 '청대문' 해장국집 앞에 마치 온 행복을 건 양 검은 장갑을 끼고, 한 사
람은 짙은 붉은 모자를 쓰고, 한 사람은 동그란 선글라스를 끼고 어린아이
처럼 콧물 훌쩍이며 해맑은 웃음으로 줄을 서 있는 두 남자.
"에이, 입맛 다시며 먹는 것보다 먹으려고 기다리는 것처럼 치사한 일도
없는데… 그지야~?"
고인이 되신 큰북 명인 김대한 선생이 중얼거리면 상체를 몇 번 흔들어 주
면서 씨익 웃는 것으로 답하는 남유소 화백. 두 분 다 천생 예술가이며 영

원한 어린아이일 수밖에 없다. 오랫동안 지켜봐 온 남유소 화백은 삶 자체를 즐긴다. 왜냐면 어느 것 하나도 아름답지 않은 색깔이 없기 때문이다. 사람들에게서까지도 남 화백이 보고 느끼는 저마다의 색깔이 있기에 사람이 가장 아름다운 색이라고 말하는 남자.

피아노 임동창, 꽹가리 이광수, 소리꾼 장사익과 한 시대를 풍미하며 예술의 맑고 자유로운 영혼을 화폭에 옮기며 매일 바보처럼 웃으며 즐겁게 살아가는 남자다.

내가 본 '남유소' 화백은 바보다
공기처럼 함께하는 사람들 역시 바보다, 내가
바라보는 바보는 인간냄새가 폴폴 나는 사람들이다, 그의
세상을 방문하면 누구나 흡수되어 버리고 만다, 휘말린다
마침표로 끝났나?…어느 사이엔가 말줄임표로 연결되어 있다
도대체? 도대체… 갸우뚱 고갯짓하다 그만 흡수되어 버린다

색깔과 소리에 미치고
색깔과 몸짓에 빠지고
색깔만을 사랑하고 고집하는 남자.
'남유소' 화백의 모습을 반쯤 눈을 감고 바라보라, 세상 밖으로
밀려나가도 한참 밀려나가 있는 그를 발견하게 된다
우주인이 아닌 우주인이다, 사람이다, 그리고 화가이다
아무도 없는 쓸쓸한 길에서, 아무도 웃지 않는 외로운 곳에서도
그는 늘 신명에 젖어 있다, 본디

그의 땅은 잘 정리된 곳이 아닌 헝클어진 가시덤불이다
그 속에서 한 올 한 올 건져 올려 '뭐답게' 만드는 요술쟁이다
세상을 바라보는 그의 눈과 가슴과 손은 '남유소' 화백의 도구이자
색깔이자 소리이자 몸짓이자 세상이다, 절대 서글프지 않은 그의
세상은 그의 작품 속에 잘 녹아 있다, 아주 먼 기억 속에서 기억들을
건져 올린 이야기들이 하도 정 깊어 풍덩 빠지고픈 살겨움.
꿈틀거리며 마구 잉태하고 있는 것 같은 싱싱한 Nude Croquies.
순간이라도 어찌 안 미칠 수 있을까

아무 동기도 이해타산도 이권도 존재하지 않는 그의 삶 역시
다음으로 미루지 않는다, 실존적 삶은 그에게 약이 되어도
우수한 고독과 물질에서는 항상 패잔병인 남자.
긴 행렬 속에 줄을 기다렸다가 먹는 해장국 한 그릇과
몇 달의 행복을 맞바꾸는 바보 같은 남자이기도 하다, 그러나
'남유소' 화백은 늘 승리자이다, 그래서 우리는 그에게 바란다.
선천적 불구성!
유한성의 화가로 남으리라!
(2007. 12)

걷어 올린 것은
검고 하얀 영혼들뿐이었다, 카메라
셔터가 서른여섯 번 돌아갈 때마다
흥분된 꿈을 꾸었지, 되돌아온 것은
정지된 바람뿐.

어느 결혼식 날 행복과
천진스런 시인들의 웃음과
전시장의 살아 있는 그림들과
화가들의 들뜬 표정들 그리고
가난한 극단의 배우들 몸짓.
에어컨 대신 플라스틱 통 안에서
줄줄 녹아내린 얼음덩어리들.

7월의 풍경들은
가슴속에서만 현상되고
부고장처럼 씌어진

빨간 글씨
-NG!-
(2002년 7월)

2002년의 여름은 무던히 더웠던 기억만 난다. 극단을 창립하고 오픈 공연을 하는데 돈이 없어 에어컨을 마련치 못해 여러 개의 큰 플라스틱 통에다 커다란 얼음덩어리를 넣어 더위를 식히기로 했지만 80여 명의 관객과 배우들은 땀을 흘리며 마주해야 했다. 선풍기는 여러 대가 있었지만 소음으로 틀지 못하고… 그 때 첫 무대에 올린 것이 '하녀들' 이란 작품이다.

공연 이틀 째 되는 날에는 천사원 장애우 친구들만 초대해서 공연을 하는데 난생 처음 공연을 구경하는 장애우 친구들이 너무 진지해서 지켜보는 우리들과 배우들이 더 감동적이었다. 휠체어에 앉아 두 시간 반을 땀을 흘리며 공연을 본 장애우 친구들은 웃옷은 물론 바지까지 흠뻑 젖어 있었다. "최고!"를 연신 외쳐대며 맞지 않는 손바닥을 치다가 휠체어와 함께 넘어진 친구도 있었다. 중증장애인지라 장애우 한 명당 보호자 한 사람이 늘 함께 따라 다녀야 하기 때문에 20명을 초대해도 40명이요, 장애우 한 명당 휠체어가 하나씩 붙어 있기 때문에 20개, 60명이 앉아 보는 격이 되었으니 오죽 더웠으랴. 어쨌거나 장애우 친구들에겐 평생 잊지 못할 처음이자 마지막 공연이 될지도 모르는 연극이 그들의 가슴 속에 아름다운 추억으로 남아있을 것을 생각하니, 지금 생각해도 그 날이 가장 많이 생각난다.

선천적인지 후천적인지 모르지만 나는 산수니 수학이니 계산하는 것과 기계만 쳐다보면 겁부터 난다. 길을 물으면 버벅대며 그 순간부터 머릿속이 막 헝클어지기 시작하고 두드러기가 솟을 정도이다.

숫자 열만 넘으면 벌써 발가락이 위로 올라오고, 남들이 다하는 카메라 작동법은 배워도 배워도 금세 잊어버리고 까만 필름 몇 통을 찍어 하얗게 만드는 재주를 가지고 있다. 공연 날 내내 배우들 공연과 관객들과 천사원 친구들의 모습… 열심히 몇 통을 찍어대고, 공연 끝나고 절친한 화가의 전시장에 가서 찍어대고, 남은 필름으로 아는 시인선생님 딸 결혼식 가서 시인들과 있는 폼, 없는 폼 다 잡아가며 찍어댄 여러 통의 필름을 현상소에 맡기고 이틀 뒤, 인화된 사진을 찾으러 가서 보니 으이그! 이런, 낭패가 있나! 바보! XX!

희뿌옇게 나온 사진만 잔뜩 넣고 돌아와 일일이 찾아가 사진을 보여 주며 양해를 구했다. 모두들 배꼽을 잡고 웃는다.

'그러니까 시를 쓰지. 저러면서도 이 험한 세상을 잘 헤치며 살아온 것이 신기하고 대단하네.' … 칭찬인지 욕인지 모를 씁쓰레함. 이럴 때는 웃어야 하나, 울어야 하나? 내 머리 속 구조는 어떻게 생겼을까? 한심하다 못해 비참한 심정이 들었다.

스무 번이나 넘게 딸 수경의 공연을 따라 다니며 수없이 배우고 셔터를 눌렀어도 쓸 만한 사진 한 장이 없다. 다행히 사도님이 참석한 곳에는 사도님이 찍어 준 사진 외에는.

NG! 어차피 인생이란 늘 실수를 하며 사는 것이지만, 셈치(痴)에다 기계치(痴)인 대신 다른 실수는 하지 않으려 노력하고 있다.

(2007. 6. 22)

감미로운 노래 부르는 귀여운 호랑이

그의 첫인상은 누가 보아도 음악을 하는 사람으로 보인다. 장르 중에서도 성악 쪽이다. 호랑이같이 커다란 체구, 파마한 듯한 약간 고슬거리는 머리카락, 앙다문 입, 얼굴은 아기 호랑이처럼 귀엽다.

80년대 초, 내가 흥얼거리던 노래가 『야화』였다. 가수 얼굴도 가수 이름에도 관심은 없고 오로지 노래만 부르는 내 습관 탓에 '야화'를 부른 가수를 만나고도 몰랐으니까.

70년 후반부터 대학강변가요제가 붐을 이루어 대학마다 노래를 할 줄 아는 끼 있는 대학생들에게 눈독을 들인 프로였다.

81년 제2회 MBC 강변가요제에서 이름이 비슷한 남자대학생 세 명이 '사랑의 하모니'라는 그룹이름을 갖고 나와서 '별이여, 사랑이여'이라는 자작곡을 불러 대상을 받았었다.

…이 밤도 외로움에 잠 못 이루고/홀로이 별을 헨다네…/다시는 만날 수는 없어도 잊을 수는 없는 거지…/벌써 잊혀져도 옛사랑은 술잔에 남겨 놓고서/말 없이 웃음 짓는 입가에 /별빛만 흘러내리네, 별빛만 흘러내리네…

형인 이경배가 작사하고, 이경오가 작곡하고, 이경배, 이경화, 이경오 3형제가 노래를 불러 대상을 차지했었다.

두터운 손으로 피아노를 치며, 노래를 부르면 어떻게 저런 목소리가 나올 수 있을까? 막혔던 가슴이 툭 터지면서 가슴 한켠에서 아련하게 울먹이며 목구멍까지 차오르는 그리움의 눈물이 솟구치는 건 왜일까?

굵으면서도 부드럽고, 가는 소리와 음색을 자유자재로 몸 안에서 만들어 소리를 내는 이경오의 몸은 잘 만들어진 악기이자, 잘 빚어 낸 도자기라는 강한 느낌을 받는다. 블루 클래식의 노래들을 닮은 음반 안에는 이경오가 직접 작사하고 작곡하고 노래한 곡들이 그득하다. 들으면 봄날 오후 내리는 보슬비를 닮아서 진한 커피를 마시고 싶어진다. 울컥울컥 묻혀 있던 기억들 안에 묻혔던 기억의 그리움들이 밀려와 눈가에 눈물이 촉촉하게 적셔져 온다.

이경오의 노랫말과 리듬뿐만 아니라, 제목만 보아도 그가 하고자 하는 노래가 그려진다. 2006년 가을에 낸 음반에는 '사부곡', '눈물을 보이지 말고', '편지', '야화', '나타리', '밤안개 속의 데이트', '계절이 다시 오면', '젊음아 사랑아', '아름다워라', '밤' 등 시적인 단어들 속에 묻어 나오는 별과 사랑이 손끝으로 혹은 가슴으로 살짝 문지르기만 하여도 와르르 쏟아져 내릴 것만 같은 아름다움과 그리움들이 그가 부르는 노래에서 묻어난다.

그리 많지는 않았지만 그가 부른 노래들은 사람들 가슴속에서 지워지지 않고 누군가가 그리운 날에 문득문득 생각나게 한다. 특히 대중들에게 많이 알려진 노래는 '야화' 라는 노래이다. 내가 참 좋아하는 노래 중에 하나이다.

'별빛을 살라 먹고 그 향기 그 힘으로 밤에 피는 너는 야화
바람이 부는 대로 오늘도 흩날리며 끝없이 기다리는 밤에 피는 너는 야화
무량한 너의 기도, 내 맘을 달래주고 화사한 너의 웃음 가슴에 남았는데 난 이제 어디로 가나, 난 이제 어디로 가나'

드라마 '모래시계' 주제곡인 '백학', NATALLI, AVE MARIA, CHESARA, CARUSO 등 주옥같은 노래들을 온 몸으로 흐느끼듯 피아노를 치며 노랠 부르면 애수의 빗줄기가 나의 가슴을 촉촉이 적신다. 봄비가 내리고 별빛이 반짝반짝 빛나는 환상적인 분위기를 자아낸다.

이경오는 말한다. 지금부터 새로운 시작이라고.

돌아보면 그냥 세월의 끝자락이나 잡고 겨우겨우 힘겹게 햇수를 넘기던 시절이 있었던 것 같다. 내가 서 있던 위치는 시간이 흘러가며 과거가 되어버렸지만 그 시간 외의 영원한 사랑, 이별, 또 만남을 소중히 생각하며 오선지에 담아내던 또 하나의 내가 있었음에 감사하고 싶다.

그는 한층 더 성숙된 모습과 싱그러운 목소리로 우리들 곁에 다시 돌아왔다.

많은 시간 속에서 부드러운 외모와 곰삭은 삶 속에서 그의 음악은 한층 더 성숙되었고, 가슴을 흠뻑 적시는 노래로 자신 있게 세상에 나타난 그를 만날 수 있어 기쁘다. 시간만 흘러버린 게 아니라, 모든 것들을 소중히 여기는 나이가 된 그는 마치 깊은 산 속에 있는 듯한 맑고 깊은 주옥같은 노래들을 가수가 아닌 팝페라 가수로 무대에 선다. 5월 29일 늦은 밤 7시 30분, 서울 삼성동 'COEX 오디토리움 대극장'에서 그리웠던 팝페라 가수, 이경오의 노래로 만날 수 있다.

이번 공연의 수익금은 알츠하이머 환자들과 독거노인들을 위해 보내진다고 한다.

하늘이 그에게 내려 준 달란트가 있다면, 이경오에게서만 들을 수 있는 천상의 목소리이다. 이경오는 노래를 불러야만 살아갈 수 있는 남자이다. 그는 세상의 모든 소리들을 끌어 모아 그의 혼을 불러 들여 노랫말을 짓고, 리듬을 달아 마음껏 노래를 불러야만 살 수 있는 남자, 팝페라 가수 '이경오' 이다.

주황색 전철3호선을 타고 대화행 끝자락에 내려서 '샹제리제' 라는 카페에 가면 피아노 앞에 앉아 노래를 부르는 이경오를 만날 수 있다. 실컷 노래를 부르다 노래 속에 빠져 죽고 싶어서 이경오만의 음악카페를 만들어 노래를 부르며 인생을 멋지게 설계하며 사는 남자, 이경오의 정열은 경북 '구미 일대' 에까지 뻗쳐 있다. 학생들에게 인생이 무엇인지 행복이 무엇인지, 노래가 무엇인지를 알려주는 실용음악교수로 활동하고 있다. 그가 부르는 노래에는 늘 봄비처럼 촉촉하게 혹은 깜깜한 밤하늘에 반짝반짝 빛나는 별빛처럼 달콤하고도 아스라한 그리움을 자아내고 있다.

(2008. 5월호 사단법인 정해복지 '떡볶이' 에 실린 글)

'김선우' 님과의 인연은 전화선을 타고 이루어졌다.

통화가 오고갔다 해서 누구나 가까워지진 않는다. 그럼에도 그분과는 일면식도 없는 사이로 친숙해져 왔으니 아마도 전생에 깊은 인연이 있었음이라.

몇 년 동안 절집 같은 사무실에서 불교의 깊이에 빠져 지순한 사랑을 하면서 '여여하니 여여하다' 는 불교신앙시집과, 다시 사랑하리라는 열망으로 아홉 번째 시집 '사랑탈출' 을 내었다. 끝내 미진하고 허술한 작업이었음에도 불교신문에서 인터뷰기사와 커다란 광고를 내주었다. 여러 사찰과 지인들로부터 전화가 왔고, 두 달이 채 지나기 전에 두 종의 시집이 내 품에서 남김없이 빠져나갔다.

그렇게 내 마음의 편린을 덜어 간 이들 중 한 분이 '김선우' 님이시다. 다소 투박하고 힘 있는 목소리를 가졌으되 다정다감함도 잃지 않은 남자분이셨다. 정년퇴직 후 아내와 꽃집을 하며 지내신다는 '김선우' 님의 짧은 본인 소개에, 그 모습이 한 폭의 수채화처럼 그려졌다. 상상만으로도 아름다운 모습이었다. 젊은 부부의 모습이야 더할 나위 없이 아름답지만, 하루 중에 낙조의 풍광이 그윽한 깊이를 자랑하듯 노년 부부의 안분지족(安分知足)이 얼마나 더 은은하고 아름다운가.

희끗희끗한 머리칼이 흥건한 땀에 젖고, 세월의 주름살이 새겨진 손으로 꽃을 다듬어 배달을 하고 계실 노부부 모습이 영화처럼 실루엣을 남겼다. '김선우' 님의 꽃집을 그득 채운 꽃들과 나의 시낭송이 한데 어우러질 것을 생각하니 저절로 행복했다. 곧바로 시낭송 CD가 끼여 있는 시집을 보내드리자 싱싱한 난 화분을 보내주셨고, 나는 과분한 인사에 감격하여 내 몇 종의 시집과 CD를 여러 질 챙겨 보내드렸더니 이제는 아예 시낭송CD와 시집을 구입하여 주윗분들에게 선물을 하시는 등 각별한 애정을 베푸시는 것이다. 그렇게 우리는 주거니받거니 하면서 목소리로 친해진 사이이다.

어느 날인가, '김선우' 님이 통화 중에 당신도 시를 쓰고 싶으시다는 말씀과 살아생전 책도 한번 내보고 싶은데 무척 두렵다, 라는 뜻을 피력하셨다.

이미 '김선우' 님의 마음이 시인이시니 열심히 써보시라고 용기를 드렸고, 글의 양이 넉넉해지면 활자화시켜 보시라고 나름대로 격려해 드렸는데 6월 어느 날, 전화가 와서 만나고 싶다고 하셨다. 마침 평택에 볼일이 있어 가는 길에 오산 새마을회관에서 처음 만난 '김선우' 님은 내 뇌리 속에 새겨진 인상과 모습과 비슷하셨다. 60을 훌쩍 넘긴 연세이신데도 불구하고 꽃과 함께하기에 그런 것일까, 건강하고 다부진 모습과 천진하면서도 순수한 외모, 다소 투박하면서도 애교스런 경기도 말씨가 짧은 스포츠머리와 잘 어울리는 분이셨다. 어찌 보면 개구쟁이 초등학생 같은 모습도 살짝 엿보이는 소년 같은 웃음으로 만난 '김선우' 님은 첫인상으로나 하시는 일을 보나 여러 모로 뵙기에 최선을 다해 열심히 사는 분이셨다.

설마, 바쁘신 데다 그 연세에 글 쓸 열정이 있으실까? 전화로 친해져서 그냥 내가 궁금하고 만나고 싶으신 게지… 생각했던 것이 오산이었다. 멋쩍은 웃음으로 부끄러워하시며 내 앞으로 내민 누렇고 두툼한 서류봉투, 그 안에 시와 긴 글들이 들어 있었다. 작은 말 한마디에도 행동으로서 책임질 줄 아는 '김선우' 님이 존경스러워 보였다. 연신 부족하고 부끄럽다는 말씀을 하시면서도 내 앞으로 바짝바짝 다가오는 글들을 그냥 대수롭지 않게 넘겨버릴 수 있는 상황이 아니었다. 곧바로 가슴으로 전이되어 오는 책임이 부여되었다. 행복하고 즐거운 아우성! 무조건 승낙해야 했다. '김선우' 님의 세상에선 NO!가 없었다.

공군으로 제대, 다시 육군 장교로 임관해서 직업군인으로 전역한 뒤, 예비 군 중대장으로 정년퇴직하시고, 아내가 하는 꽃집 운영을 잠시 돕다가 지난해 4월에 오산새마을지회장을 맡게 되었다고 하셨다. 오백여 명의 대식구를 이끄는 가장이 되었으니 열심히 일을 하지 않으면 막중한 일을 해낼 수 없다고 하셨다. 고향 오산을 위해 할 수 있는 일이라면 죽을힘을 다해 할 것이라며, '머리를 밀고' 앞장서서 나가며 진심으로 아끼고 사랑하며 존중해 주어야 할 오백 명의 가족을 위해서라면 무슨 일이든 불사하겠다는 의지를 나타내셨다. 그제서야 머리가 아주 짧은 이유를 알수 있었다. 개구쟁이 소년 같은 모습 위에 전사와도 같이 불타는 모습이 오버랩되고 있었다.

짧은 기간 동안인데도 불구하고 많은 일들을 해내셨을 정도로 정열적이며 자상하신 데다 매사 엄청 부지런하셔서 함께 일하는 젊은 직원들이 늘 긴장하지 않으면 안 될 정도로 건강하셨다. 그런 분주함의 틈틈이 글을 쓴다는 일은 참으로 대단한 일이 아닐 수 없다.

누구나 좋은 글을 쓰고 싶어 하고 살면서 누구나 한번쯤은 시인이 되고 싶어 한다. 다 그런 건 아니지만 간혹 시인이라는, 혹은 수필가, 소설가라는 사람들이 무슨 큰 명예나 감투라도 쓴 것인 양 명함을 내밀기 즐기면서도 실상은 온 마음을 쏟아 글을 쓰지 않는 짝퉁 시인, 작가들이 많다.

내 생각은 그렇다. 시든 소설이든, 글을 잘 쓰든 못 쓰든 그것은 차후문제다. 얼마나 진실하게 최선을 다해 노력을 했느냐는 마음가짐이다. 순수하고 투명한 마음으로 글을 쓰는 것이 중요하다. 적어도 시인, 소설가, 수필가라는 명함을 내밀 땐 양심적으로 떳떳해야 한다. 회사에 다니는 사람이 그 직장에 대해 자부심을 가지고 열심히 일을 해야 하듯, 시인은 시 쓰는 일에 대해 자부심을 지녀야 할 뿐만 아니라 시인이 곧 본업이 되어야 한다. 자기의 본업, 이른바 '글쟁이'의 당당한 의무와 책임이 수반되어야 한다. 사회생활에서 혹여 시인, 수필가, 소설가 등의 명함을 내밀었을 때 대접을 받는지는 모르겠지만, 가식적으로 글을 쓰는 사람들보다는 어린아이처럼 때 묻지 않은 순수함이 오히려 사람들 가슴을 적셔 주리라는 믿음으로 살아 왔다. 지난 몇 년 동안, 대소변은 물론이고 혼자 밥을 먹을 수도, 걸을 수도 없는 1급장애우들에게 시를 쓸 수 있도록 격려했고, 동인지를 내도록 권유했으며 그들에게 '천사시인'이라는 호칭을 선물하고 그들이 열심히 시를 쓰며, 행복함을 만끽하며 살고 있다는 고백을 들었다. '김선우' 님은 시인도 수필가도 소설가도 아니지만 나는 그 마음을 읽었다. 깨끗한 화선지에 먹물 뿌리듯 어린아이 같은 순수한 마음을 읽었기 때문에 시를, 글을 쓰도록 권유했으며 아주 열심히 최선을 다해 틈틈이 시와 산문을 써오셨다.

나 역시 숨 쉬며 살아있는 동안 최선을 다해 시를 쓰는 사람일 뿐이지, 무슨 평론가도 아니다. 시가 나로 하여금 질곡의 삶을 살아내게 한 원동력이 되었고, 그러기에 죽을 때까지 시를 쓸 것이며 다시 태어나도 나는 시 쓰는 사람일 수밖에 없다. 평론가들이, 혹은 사람들이 내 시를 읽으며 잘 썼네 못 썼네, 하는 판단에 연연해하지 않는다. 내 이름 석 자를 알리기 위해서 애쓰지도 않는다. 최선을 다해 내게 주어진 그릇만큼의 시작(詩作)을 위해서 부단히 노력할 것이며, 빈 그릇을 채우는 일도 내가 해내야 할 의무이기 때문에 부단히 노력하는 일밖에 없기에 도리어 당당하다. 더 나은 시를 태어나게 하기 위해서는 열심히 연구하고, 쓰고, 공부해야 한다는 각오가 있기 때문에 나는 늘 바쁘다. 가슴 속에 품은 시인이라는 호칭조차도, 스스로 노력하기 때문에 떳떳하다.

작가의 글에는 그 사람의 삶이 고스란히 들어 있다. 적어도 글의 속내가 가식적인가, 아닌가는 알 수 있다. 나는 '김선우' 님의 사람냄새 나는 삶을 엿

보았다. 내가 써놓고도 자신조차도 뭘 썼는지 모르는 시보다는, 석양의 아름다움 같은 마음, 그 동안 살아 온 삶을 정리하고픈 마음으로 책을 엮는 '김선우' 님의 마음은 들판에 핀 들꽃마냥 아주 소박하고 순수하고 솔직하고 사람 냄새나는 글이라서 참 좋지 않은가.

유년의 기억들을 펼친 시와, 살아오면서 느꼈던 사랑이야기 등의 시편들과 삶의 일부분처럼 보여 준, 수편의 산문들은 그의 심상을 더욱 투명하게 보여 주고 있다. 앞으로 '맑은 김선우' 님의 시 쓰기는 더욱 빛을 발할 것이 틀림없다. '김선우' 님은 매사에 혼신의 힘을 다해 열심을 기울이는 분이며 또한 시에 대한 열정과 순수한 사랑으로 온 마음이 물들어 있음을 확실히 보았기에 장담하는 것이다.

'김선우' 님께 아낌없는 박수를 보낸다.

(2007. 8 아리온 방에서)

남대문에도 바다가 있다

한껏 고개를 젖힌다, 오르기 전
숨 한 번 길게 내쉬고, 발돋움하고
치마 바지춤 다시 잘 챙기고
가파르고 좁다란 계단을 오르면
갓 잡아 올린 듯, 팔팔 뛰는
싱싱한 물고기 닮은 작은 여자가
웃으며 두 팔로 껴안는다, 여자 품에서
비린내가 난다, 파도가 출렁인다, 여자는
빈 가슴마다 바다 한 움큼
싹둑싹둑 썰어 내준다, 아
남대문에도 바다가 있었다
'막내횟집' 간판이 해풍에 나부낀다
여자의 입에서 뱃고동 같은 주문이
부엌을 향해 쉴 새 없이 쏟아진다
빛 푸른 고기들이 쏟아져 나와
고달픈 자들의 등을 다독인다

왁자지껄한 남대문 시장 안, 해풍에 낡은 듯한 목조건물 2층 '막내횟집' 간판이 펄럭인다. 60년대 어느 부둣가 횟집을 바라보는 풍경이다. 삐걱거리는 가파른 계단을 올라가기 위해 하이힐 한 번 더 단단히 신고, 치마 입은 여자들은 치마를 감싸 쥐고, 바지 한 번 더 단단히 추슬러 입고 올라가 드르륵 문을 열면 주인 여자의 쉴 새 없는 주문 소리가 뱃고동 소리처럼 힘차다. 자그마한 50대 초반의 주인여자 '김선자' 씨가 나팔꽃마냥 활짝 웃으며 인사를 대신한다. 채 앉기도 전에 두툼하고 푸짐한 회, 무고등어조림, 감자조림, 오징어무침과 얼큰한 매운탕이 한 상 그득 차려진다.

수평선 넘어 해 기울면 고달픈 하루를 끝낸 사내들이 한 잔의 술로 목을 축이러 선술집을 찾아들면 사내들의 애간장을 녹이던 이난영의 코 먹은 노래 '해조곡'이 유성기에서 들려오는 듯한 착각을 불러일으키는 분위기라서 그런지 자리는 매일매일 꽉꽉 찬다. 마치 시골 고향처럼 푸근하고 푸짐한 음식에 저절로 정이 가는 이유로 그곳을 찾게 된다.

줄곧 육지에서만 살아서 회 맛도 제대로 모르는 내 입 속으로 팔팔 오가며 뛰어다니던 주인여자가 쏙쏙 먹여 주는 회 맛은 엄청 달콤하고 쫄깃하고 싱싱하다. 회 맛의 결정은 생선의 크기, 양식장소, 수조에 머무는 시간, 회 뜨는 솜씨에 따라 결정된다고 한다. 매일 완도와 양양에서 직송해 오는 횟감만을 손님상에 내어놓는다고 한다. 강원도 양양 출신인 주인 '김선자'

씨는 맛과 집념과 열정으로 일궈낸 막내횟집을 대박집으로 당당히 승부 내었다. 맛있는 집으로 선정된 기사가 식당 벽면 여기저기 붙어 있는 것만 보아도 알 수 있다. 인연을 가장 귀하게 여긴다는 주인 '김선자' 씨의 투박한 말씨에서 나오는 따뜻한 정과 환한 웃음을 덤으로 받아 오는 곳이다.

사랑은 바이올린처럼

사랑은 어느 날 느닷없이 운명처럼 도둑처럼 찾아온다. 사랑에는 공식이 없다. 열정적일 때 속도도 빨라진다. 사랑은 사랑하는 사람의 100가지 모두를 아름답게 볼 줄 아는 마음이다. 취미가 같을 때 사랑은 더 깊어진다.

무엇보다도 사랑은 터무니가 없어야 한다. 사랑하는 사람을 마냥 미소 짓게 할 수 있어야 한다. 눈도 멀어야 하며, 나이도 명예도 따지지 말아야 하며, 서로를 백치 같은 정신으로 마주할 때 완벽한 사랑은 열린다.

비올라를 전공한 김영주(당시 27세)는 어느 날, 문득 악기 값이 비싸다 싶어 악기를 직접 만들어 보자는 터무니없는 생각을 하게 된다. 수소문 끝에 찾아 간 바이올린제작실에서 제작수습을 하던 어느 겨울 날, 창문을 열어 놓고 사무실 책상서랍을 정리하다가 바람에 파랑새처럼 나풀나풀 날다가 떨어지는 편지 한 장을 발견하게 된다.

'살아생전 아버님께서 쓰시다가 다락에 잠재워둔 바이올린을 정성껏 수리해 주셔서 고맙습니다. 기회 닿는 대로 찾아뵙겠습니다.' 라는 제작실 선생님에게 보낸 단아한 글씨가 순간 김영주의 가슴을 멈추게 했다. 그리고 얼마 후 낯선 남자의 전화를 선생님 대신 받게 된다. 언제 시간이 되면 방문하겠다던 남자 이종원(당시 37세)은 그 다음 날 불쑥 찾아왔다. 그가 미국 시카코에서 바이올린 제작학교를 졸업했다는 것을 알게 된 김영주는 "나도 내가 연주할 악기를 직접 제작하고 싶다. 일단 만나자." 라는 발칙한 제안을 했다.

독일 미텐발트 바이올린 제작학교에 입학하기 위해 준비하고 있던 김영주는 3개월 동안 이종원과 교제했고, 독일로 떠나기 며칠 전 이종원으로부터 가지 말아 달라는 부탁과 함께 장미꽃 한 송이를 받게 된다. 운명인지, 미텐발트 학교로부터 김영주 입학불허 통지가 왔다. 나이가 많다는 이유였다. 그러나 바이올린 제작만이 그녀의 꿈이자 희망인지라 절대 포기할 수가 없었다. 결국 이종원의 도움으로, 그가 졸업한 미국 시카코 바이올린 제작학교에 입학하게 된다. 이미 학교에서는 김영주가 이종원의 약혼녀라는 소문이 퍼져 있었고, 이종원의 철저한 사랑의 덫에 걸리게 된 셈이었다. 이미 사랑의 늪에 빠진 이종원은 김영주에게 편지를 보냈다. 1년만 수

료하고 돌아와서 나와 결혼하면 꼭 졸업을 시켜 주겠노라는. 김영주는 한국으로 돌아와 이종원과 결혼했다.

바이올린은 만든 사람에 따라 다르고 연주자의 성격에 따라서도 달라진다고 한다. 너무 덥거나 추운 곳에서는 제작이 어려우며, 산성비에 오염되지 않은 지역인 시베리아, 독일, 유고, 체코 등지의 전나무로 앞판을 대고, 단풍나무로 뒤판과 옆판을 대어 조화를 이루어 바이올린이 탄생된다.

이종원과 김영주의 사랑도 오염되지 않은, 흡사 전나무인 이종원과 단풍나무인 김영주의 사랑으로 잘 조율된 하나의 바이올린 같다. 그 사랑으로 이 세상 무엇과도 바꿀 수 없는 소중한 딸 현빈(12세)이라는 바이올린과 둘째 딸 채빈(7세)이라는 바이올린을 제작하였다.

음악회를 관람하고 밤 9시가 넘은 늦은 시간에 서초동 악기점을 찾았다. 1층은 다른 악기점이었고, 2층에는 제작실 겸 연주실이 마련되어 있었다. 작업실이 어찌나 깨끗하고 정리정돈이 잘 되어 있는지 엄숙함마저 느껴지며, 부부의 깔끔한 성품을 짐작할 수 있었다. 1층 계단 아래서부터 은은한 원두커피 향내와 바이올린 연주가 흘러나왔다.

안경 너머 이종원의 섬세하고 예리한 눈이 불빛에 더 반짝거렸다. 조금 후, 짧은 커트 머리를 한 멜빵바지의 김영주가 생기발랄하게 웃으며 나왔다. 10년의 나이 차이를 극복하고 행복하게 살아가는 부부의 모습을 보고 있으면 내가 지금 영화를 보고 있나 하는 착각이 들 정도이다.

생물학과를 다니던 이종원은 어린 시절, 아버지가 켜는 바이올린 소리를 무척 사랑했다한다. 대학 1학년 때 빈 강의실에서 공부를 하던 중 어디선가 들려오는 '바흐의 춤곡 샤콘느' 소리를 따라 가보니 학교 정문 앞 어느 집 2층이었다. 바이올린을 켜는 그림자와 음악은 이종원의 삶을 180도로 바꿔 놓았다. 다락방에 있던 아버지의 스즈키 바이올린을 꺼내 만져보기 시작했다. 그리고 얼마 후, 전공을 바이올린제작으로 바꾸기로 결심하고, 먼저 직접 연주할 바이올린을 제작하게 위해 다니던 직장을 뒤로하고 시카코 행 비행기를 타게 된다.

사람이 그렇듯이, 바이올린 역시 지문과 개성이 다르다. 제작자에 따라 다르고 연주자에 의해 달라진다. 이종원과 김영주 부부도 각기 다르지만 바이올린을 매개로 사랑이 시작되었고, 전나무와 단풍나무를 합한 바이올린처럼 조화를 이루며 바이올린처럼 살고 있다. 서초동 예술의 전당 오페라 하우스 맞은편 '이종원 현악실' 이라는 이름의 현악기 제작실에서는 큰 딸 현빈은 첼로를, 둘째 딸 채빈은 바이올린을 아빠, 엄마한테서 배우고 있다. 주일이면 온 가족이 교회에 나가 작은 오케스트라의 일원으로, 가족연주예배로 하나님께 봉사도 하고 있다.

코뿔소의 외뿔처럼

'숫타니파타'에 보면 우리가 너무 잘 알고 있는 말씀이 있다.

> – 큰 소리에도 놀라지 않는 사자와 같이
>   그물에 걸리지 않는 바람과 같이
>   물이 젖지 않는 연꽃과 같이
>   저 광야를 가고 있는
>   코뿔소의 외뿔처럼 혼자서 가라 –

힘들고 외로울 때마다 내가 들춰보는 책이 두 권이 있는데 그 중 하나가 '숫타니파타'이다. 그리고 많은 내용 중 이 말씀을 가슴에 새기고 위로를 받으며 추스린다. 부모형제간에도 부부도, 자식이라고 해도 나의 외로움을 대신할 수 없다. 병을 앓고 있을 때 대신 아파 줄 수 없는 것과 마찬가지이다. 외로움도 힘든 마음도 혼자 해결해야 한다. 인생이라는 것이 어차피 혼자서 가는 외로운 길이기 때문이다.

상대방에게 기대를 거는 것은 내 마음에 그만큼 욕심이 있다는 것이므로 피차 힘든 일이다. 기대만큼 본인에게 만족하지 못하고 실망하게 되면 그만큼 상처도 커지고 상대방에 대해 원망하는 마음도 갖게 되니 말이다.

시(詩)동인 모임을 20년째 갖고 있다. 한 번도 거르는 일 없이 매해 동인지를 낸다. 회원들은 그야말로 유행가 가사처럼 서울 찍고 부산 찍고 경상도, 충청도 각 지역에 흩어져 살고 있다. 직업이 대부분 교사이기 때문에 방학을 이용해서 2박3일 정도 함께 떠나거나 혹은 두세 달에 한 번 모임을 갖는다. 때로는 주말에 만나 시를 발표하고 토론하면서 20년 동안을 가족처럼 지내 오고 있다. 오랫동안 같은 마음, 우정으로 다져져 있어 목소리만 듣고도, 눈빛만 보아도 서로가 무슨 생각을 하고 있는지 너무나 잘 알고 있다. 그래서 외롭지 않다고 한다. 우왕좌왕 비바람에 나부끼는 버들잎처럼 흔들리는 모임보다는 차라리 혼자가 좋고, 혼자보다는 좋은 시우가 있음이 더 행복하다.

코뿔소의 외뿔처럼 혼자서 가라는 말씀은, 옹고집으로 잘난 척 혼자 가라는 게 아니라 쓸데없는 것에 시간을 낭비하고 실망하느니 외롭더라도 혼자 씩씩하게 참 길을 가라는 뜻으로 받아들이고 싶다. 서로 마음이 맞아 함께 나눌 수 있으면 얼마나 좋으랴. 그렇지 않을 바에야 안 하는 게 좋다. 모든 일들은 물 흐르듯이 순리에 맞게 해야 한다. 단 몇 사람이 모이더라도 사랑하는 마음, 존경하는 마음, 이해하는 마음, 배려하는 마음으로 가족 같은 모임이 되길 바란다. 자주 만나지 않더라도 서로를 위해 기도하는 진심은 분명히 전달되리라 믿는다.

(2004. 10)

사람냄새 나는 사람들

<h1>삶의 소소한 편린들, 김쾌민</h1>

김쾌민(43)은 홍대 서양학과를 졸업한 서양화가이자 인테리어 디자이너이다. 그의 방을 들여다본다. 소소한 이야깃거리가 참 많다. 완성된 것 같은데 완성되지 않은 것들, 삐죽한 것들, 건방진 것들, 귀여운 것들, 소박한 것들이 널브러져 잠을 자거나 제각기 혼자서 놀고 있다. 이름만큼이나 독특한 김쾌민은 자기 이름을 무척 사랑하는 젊은 작가이다.

그의 나이 20대 후반에 만났는데 아직도 미혼이다. 아직도 꿈꾸는 중이다. 95년, 예총에서 발행하는 월간지에 화가탐방 기사를 썼는데 그 때 만난 화가 중 한 사람이다. 그의 첫인상은 반항아처럼 혼란스러웠다. 인연의 끈은 김씨 성(姓) 때문에 시작되었다. 얼떨결에 나는 그의 고모가 되었고, 그는 조카가 되었다.

그의 그림 세계는 겉모습과는 달리 나무와 들꽃, 어린아이, 인물이 많이 등장한다. 사랑하는 마음이 물 스미듯 그대로 녹아 있다. 질긴 생명력과 사람냄새를 강하게 느낄 수 있다. 그는 마술사의 손을 가지고 있다. 그의 손을 거치면 아주 소소한 것도 세상에 하나뿐인, 누구나 갖고 싶어 하는 작품으로 변신한다.

김쾌민은 1년에 한 번 꼴로 인사동에서 전시회를 한다. 화랑벽면을 가득 메우는 애틋하고 아기자기한 이야기의 소품들은 전시회가 끝나면 다른 사람들 품으로 떠난다. 인테리어 디자이너라는 또 다른 그의 명함에는 '쾌아민'이거나 '김쾌민'의 이름 석 자가 건방지게 박혀 있는 것을 보게 된다. 그가 지은 건물은 볼거리가 많고 참 아늑하다. 여러 유명한 잡지와 인터넷에서도 심심찮게 대할 수 있다.

그는 펜화도 많이 그린다. 가느다란 선에서 나오는 이야기가 주는 즐거움은 김쾌민만의 특징이다. 내 시집을 낼 때마다 김쾌민의 작품이 표지로 등장한다. 참 좋은 인연이다. 질기길 정말 잘했다.

작년 여름 보슬비가 솔솔 내리던 밤, 그가 운영하는 청담동 카페에 갔었다. 벽 크기만큼 커다란 창문으로 내부가 훤히 들여다보이는 카페 안에서는 그가 조각한 삶의 편린들이 속살 거리고 있었다. 출입구에서 비를 맞고 있는 올망졸망한 작은 화분들, 나무널빤지로 만든 테이블, 사방 벽에 스케치가 걸려 있는 분위기와 맞물린 외로운 음악. 그가 손수 끓여 낸 커피 맛은 일품이었다.

어떤 사내

-Who are you? 김쾌민 그림 전시회에 부쳐

사내는 여전히 말이 없다
일그러진 두 눈에서, 헝클어진 머리카락에서
혹은, 복숭아씨 같은 목젖에서
조용히 힘주어 말하지만
여전히 말이 없다, 사내는
그만의 세상, 그만의 시간들의
무게가 수시로 팽팽하게 튀어 오르고
사람들의 숨 쉬는 소리들이
거칠다, 사내는 검은 점, 선을 따라
뼈들의 집을 짓는다, 아직은
세상에서 낯선 이방인
사내는 중얼거린다
Who are you?
눈을 감아야 보이는
낯익은 것들

살아난다

Who are you?

사내는 즐거운 비명을 지른다
무표정하게.

꽃만 먹고 어떻게 살아요?

작년 가을 영동 엘루이 호텔에서 고향에 관한 주제로 와당 그림 전시회가 열렸다. 와당전시회에 들어갈 테마별 수필을 써 주었고, 오프닝에서 시낭송을 했다. 피아노 연주와 아코디언, 노래 등 다양한 행사가 있었는데, 그 중에 아름다운 모습으로 천상의 노래를 부르는 부부를 만났다. 인연이 되어 이후 1월 말, 하리온 뮤직 카페 정모를 춘천에 사는 장승조각가 이가락 선생의 장승박물관에서 했는데, 떡볶이 편집인 장광혁 이사가 그 성악가 부부 주세페 김, 김구미 두 분을 초대했다. 그들의 두 아들 수로, 수호도 함께 참석하게 되어 정식으로 만남을 가졌다.

별로 친하지 않은 사람과도 하룻밤을 보내고 나면 쉽게 가까워진다고 하더니, 정말 그 가족과 1박2일을 보내고 나니 많이 가까워졌다. 혼자만의 노력으로 어떤 사람을 좋아한다고 해서 친해지진 않는다. 이태리에서 10년을 넘게 공부하고 활동하다 한국으로 온 지 몇 년 되지 않고, 성악을 한 분들이라 좀 까다롭지 않을까 걱정했었는데 무척이나 편안한 성품의 분들이었다.

춘천의 밤은 서울보다 훨씬 추웠다. 영하13도까지 내려가, 먹으려고 내놓은 김치, 소주, 물, 국이 금세 꽁꽁 얼었다. 마당에서 닭갈비를 구워먹으며 모닥불을 피워 놓고 기타 반주에 맞춰 노래를 부르며 놀았다. 그 이후, 성악가 부부와 음악회에서 몇 번 만나게 되었고, 술자리도 몇 번 함께 하게 되었다. 올해 초등학교 입학한 큰아들 수로와 개구쟁이 5살 아들 수호도 너무나 귀엽고 예뻤다. 워낙 좋아하기도 하지만 이제 나이가 나이니 만큼 아이들을 보면 무조건 다 예쁘다. 눈이 동그란 둘째아들 수호는 어찌나 잘 먹는지 무척 건강해서 잘 뛰어 다녔고 끼도 무척 많다. 큰아들 수로는 이태리에서 태어났다고 한다. 장남답게 의젓하고 말은 별로 없지만 할 말을 또박또박 잘하는 수로가 어느 날, 심각한 표정으로 엄마 아빠한테 이런 말을 했다는 거였다.

"어머니, 아버지! 돈이 있어야 우리들 학교도 보내고 우리 가족들이 살아갈 텐데 어머니, 아버지가 공연하면 사람들은 돈은 안 주고 왜 꽃다발만 주나요? 꽃만 받아서 어떻게 살지요?"

그 말을 듣는 순간, 내 가슴이 찡해지면서 망치로 머리를 한 대 맞는 것 같았다. 공감이랄까, 동감이랄까? 나는 무대에 서는 배우도 아니고, 가수도 아니지만 나나 시인들이나 글을 쓰는 모든 작가들은 글을 써주고 살아가기가 힘들어 다른 일을 가지거나 매우 고단한 생활에 시달리고 있는 편이다. 예전과 달리 많은 시인들도 딴 직업을 갖고 틈틈이 시를 쓰고 있다. 부자로 잘 사는 시인들도 있다.

그랬음 좋겠다. 글쟁이는 자유롭게 마음껏 글만 쓰고, 노래하는 사람들은 마음껏 노래만 부르고, 연극하는 사람들은 마음껏 연기에만 전념해도 생활이 보장된다면 우리나라 예술이 한층 더 발전될 것이 아닌가? 훌륭한 작품들이 훨씬 더 많이 탄생할 텐데, 하는 아쉬움이 많다.

7살 수로가 바라보는 부모님은 자랑스럽긴 하지만 걱정이 되나 보다. 공연을 하면 사람들이 공연관람의 대가로 돈을 지불하는 것이 아니라 꽃만 잔뜩 들어오는 일이 참으로 의아하게 여겨졌던 모양이다. 수로가 말로 표현은 다 못해도 작은 가슴에 무엇인가가 의아하고 걱정이 되어서 제 깐엔 심각하게 말했나 보다.

어린아이가 말하는 게 기특하다고만 할 게 아니라, 나라에서 예술만 하는 사람들에게도 생활보장을 해주어 진정한 예술가, 훌륭한 예술가를 많이 배출할 수 있도록 해야 한다는 것이 내 생각이자 주장이다. (2008. 1)

틈만 나면 상대방 L의 단점을 들추어내어 흉을 보는 K라는 사람이 있다. 어떻게 그렇게도 단점만을 용케 끄집어내는지 경이롭게 느껴질 정도이다. 상대방이 L을 모르는 사람이라도 이렇고 저런 아무개가 있는데, 하면서 구구절절 흉을 늘어놓는다. K를 보면서 두 사람이 전생에 도대체 무슨 관계였을까, 전생에 L는 K에게 무슨 죄를 지었기에 저토록 죽기살기로 흉을 보는 것일까 하는 생각을 하지 않을 수 없다. 저건 사람으로서 할 짓이 아닌데, 하는 생각과 함께 불쌍하기도 하고 한심하기도 하다.

어쨌거나 K는 취미인지 일과인지 분간이 안 될 정도로 사람들 흠잡는 일에는 뛰어나다. 특히 L에 대해서는 타의 추종을 불허한다. 사람들은 점점 K가 있는 자리를 피했다. 언젠가는 자신도 모르게 K의 말에 휘말릴 피해자가 될까봐서이다.

그와 안 지 10년, 사람들이 하나 둘 떠나버리자 K는 자신이 혼자 남는다는 불안감을 느끼며 괴로워하면서도 쉽사리 버릇을 고치지 않았다. K의 얼굴은 세월이 갈수록 탄 식빵처럼 거무스레하게 변하고, 독기가 서려 가는 그의 눈빛을 바라보는 상대방들도 힘들긴 마찬가지였다.

어느 날, 너무나 안타까워 K에게 어렵게 말을 꺼냈다.

'꼭 해드리고 싶은 말이 있습니다. 부디 오해 없으시길 바라면서 제 얘기를 들어 주시기 바랍니다. 저도 단점이 많은 사람입니다. 하지만 저는 고치려고 노력하는 사람이랍니다. 매일 아침 화장만 하려고 거울을 보진 않아요. K는 집을 나설 때, 거울을 보고 나오시나요? 당신의 얼굴색과 눈빛이 어떻게 다른지를 찬찬히 들여다보시길 바랍니다.'

위장은 그 사람의 얼굴이라고 한다. 즉, 위와 마음과 얼굴 색깔은 동일하게 나타난다고 한다. 얼굴이 찌그러져 있고, 짜증나는 말투는 그 사람의 위가 병들어 있는 증거라고 한다. 마음속에 품은 생각들이 말투와 행동, 얼굴에 그대로 반영된다. 매사 비관적, 부정적이고 욕설이 대부분인 말만 내뱉는 사람의 얼굴에서 어찌 환하게 웃는 밝고 맑은 모습을 볼 수 있겠는가. 그런 사람들이 행복해지기를 바라고 출세하기를 바라는 건 무리이다. 그런 사람들의 공통점은 잘못되었을 때 모두 남의 탓으로 돌린다. '누구 때문에, 너 때문에' 라는 말과 함께.

K가 말을 할 때는 자기 이야기에만 모두 집중해 주기를 바란다. 대화라는 걸 모른다. 편하게 해도 될 이야기를 늘 육하원칙에 입각해서 말하고, 지루해진 사람들이 화제를 바꿔 보려 하면 무식한 행동이라며 화를 내는 K이고 보니 누가 좋다 하는가. 늘 밝고 긍정적이고 잘 웃으며 감사하는 사람 곁에 가고 싶겠는가, 늘 부정적이고 무서운 욕설로 치장하고 불평불만만 토로하는 사람 옆에 가고 싶겠는가.

물론 K는 공부도 많이 한 지식인이다. 모든 분야에서 다재다능하다. 지식이란 단지 정보에 불과한 것이니 모름지기 사람 사는 데는 지혜가 필요하다. 산만큼의 지식을 가졌더라도 지혜가 없는 K를 바라보면서 많은 걸 배운다. 아는 게 별로 없어도 감사하고 당당한 사람, 모르면 모른다고 말할 줄 아는 사람, 그러면서 배울 줄 아는 자세를 가진 소박한 사람, 상대방에게 잘못한 일이 있으면 정정당당하게 손을 내밀고 인정할 줄 아는 사람, 비겁하지 않은 사람. 이런 사람이 진정 사람냄새 나는 사람이 아닐까.

단 10분의 인연

인연에 대해서 몇 번 쓴 이야기가 나온다. 내가 가진 큰 재산은 이 세상에서 나와 특별한 인연을 맺은 우리 두 딸 선주와 수경, 그리고 귀중한 분들이다. 이름을 거론하고 싶어도 괜한 남의 이야기 부풀려 말하기 좋아하는 입방아 때문에 이니셜로만 말하고 내 가슴에 차곡차곡 담아 두기로 한다.

어릴 때부터 여태껏 늘 따뜻한 마음을 전하는 남자 친구 K

의리를 소중히 여기며 철마다 과일과 홍삼을 보내 주는 꾀벗던 남자친구 J

남자보다 더 무뚝뚝하지만 속정 깊은 여자 K

연락은 서로 않고 있지만 많은 도움과 기도를 해주는 H

1년에 한두 번 안부만 묻지만 이런 인연을 더 소중히 하는 친구 스님 J

전생에 인연이 깊었던 게 틀림없는 바늘과 실 같은 A

늘 아침마다 나를 위해 기도해 주시는 법사님 K

만나면 즐겁고 편안하게 웃음을 선사하는 냉정하며 따뜻한 K

십 여 년 동안 철마다 좋은 약을 보내 주시는 선생님 L

여자 친구보다 더 알뜰하게 챙겨 주며 수다 떨 수 있는 G

부처님 같은 모습과 마음으로 넉넉함을 베푸는 선배님 G

사리분별이 정확하고 정 많은 선배 언니 J

지면으로 만났지만 몇 십 년 만난 것 같은 잘 웃고 씩씩한 꽃 같은 남자 K

20년의 세월로 혈육과 다름없는 시인 L

끊고 맺음이 정확하지만 내게는 후덕한 오라버니 같은 시인 H

분명 깊은 인연이 있었음에 틀림없어 자식처럼 늘 안쓰런 마음이 가는 사

진작가 A

15년의 세월 동안 변함없이 예쁜 언어로 나를 기쁘게 해주는 애교쟁이 H

딱 한 번 만났는데도 마음은 수십 년은 된 것 같은 서예가 J

가면 나를 위해 음식을 새로 장만해 주는 순천댁 S

지금은 고인이 되었지만 그를 떠올리면 눈물이 나는 글쟁이 B

몇 십 년 동안 나를 위해 기도해 주었다는, 고인이 된 O

평생을 교직에 몸담은 친구 같은 교장선생님 K

무대에서 나를 위해 노래하던 착한 염세주의자 K

가끔 눈물 나게 감동적인 말과 선물을 하는, 끊을 수 없는 또순이 L

그림 필요해서 전화하면 언제나 선뜻 승낙하는, 조카라고 말하는 화가 K

말이 거의 없고 잘 만나지도 않지만 화가 K처럼 늘 그림을 선뜻 승낙하는 화가 S

김삿갓처럼 마음도 몸도 자유로운 손바닥치기 친구 같은 화가 M

장미를 닮아 삶도 열정적으로 사는, 동생이나 다름없는 여자 G

경상도 무뚝뚝한 목소리에 묻어나는 정 깊은 사진작가 L

냉정하지만 만나면 따스한 배려가 묻어나는 선배 B

일 년에 몇 번 오가는 전화지만 진심으로 안부를 묻는 친구 마나님 K ……

열거하면서 생각해 보니 나를 사랑해 주시는 분들이 참 많다. 앞으로 살면서도 또 어떤 인연을 맺을지는 모른다. 어쨌건 나는 참 부자다. 살 만한 이유가 참 많다. 돈으로도, 그 무엇으로도 살 수 없는 귀한 인연으로 내가 살고 있으니 얼마나 복 받은 사람인가. 가끔 외롭고 쓸쓸하긴 해도 나를 진심으로 아껴 주고 사랑해 주는 사람이 많아 오랜 세월을 늘 웃으며 감사하게 살아간다. 그 분들을 떠올리며 열거하는데 너무나 고맙고 보고 싶어서 눈물이 난다. 이 외에도 좋은 인연을 맺은 분들이 더 있지만 위에 열거한 분들은 나와 특별한 인연을 맺은 분들이라 그들을 위해 늘 고마움의 기원을 드린다.

몇 년 전 불교 시낭송 음반과 시집을 냈을 때 대구에서 장사를 하고 있는 친구한테 몇 권 보내 주었더니 바로 옆 가게의 사람이 불자라 시낭송 음반은 그미에게 주었다고 하였다. 그리고 몇 개월 후, 해인사와 경주에 갈 일이 생겨 대구에 내렸는데 마중 나온 스님께서 아예 저녁 공양을 대구에서 하고 해인사로 들어가자고 하였다.

30분 정도 여유가 있어서 친구가 운영하는 가게에 갔다가 내 음반을 받은 옆 가게 보살님을 만나게 되었다. 체구가 작았지만 다부지고 매사 모든 일이 정확할 것 같은 첫인상을 강하게 받았다. 경상도 사투리가 유난히 강한 보살님이 너무 반갑게 맞아 주면서 다짜고짜 자기 가게로 나를 데려가서 예쁜 빨간 티셔츠와 벨트를 선물로 주었다. '이 숙' 이라는 외자 이름을 가진, 나보다 두세 살 적은 여사장이었다. 10분도 채 안 되는 동안의 만남이었다.

해인사에서 하룻밤을 묵고, 다음날은 일찍 경주에 내려가 정 선생 만나 점심을 먹고 서울로 올라오는 동안에도 머릿속에는 이숙 보살님의 이미지가 떠나질 않았다. 선물을 보내고 싶은데 가진 거라곤 시집과 음반밖에 없어

챙겨 보냈다. 그 날 이후 전화 한 통 없다가 어느 날 갑자기 커다란 옷보따리 하나가 택배로 오더니, 철이 바뀔 때마다 그 행사가 계속되고 있다.

어쩌다 오는 전화 '아무 일 없이 잘 계시지예?' 라는 짧은 안부가 끝이다. 그래도 마음이 통한다. 인사하며 내게 옷 입혀 주고, 얼굴 본 건 10분도 채 되지 않는데 너무나 또렷하게 기억나는 보살님의 모습이고 보면 특별한 인연인 게 틀림없다. 이숙 님이 보내 주는 옷들은 팔다 남은 재고품이 아니라 신제품이다. 우리 세 모녀가 여러 번 갈아입고도 충분한 많은 옷들을 보내 준다. 우리 딸들은 '이 아주머니가 장사할 옷들을 우리한테 다 보내는 거 아닌가요?' 할 정도다. 재고품을 보내 준다 해도 감지덕지인데 좋은 옷을 보내 주고 싶은 이숙님의 그 마음을 너무나 잘 느낄 수 있다. 아예 코디까지 해서 설명까지 적어서 보내 준다. 마음이 없으면 절대 할 수 없는 일임을 너무나 잘 알고 있기에 이숙 보살님이 보내 준 옷들을 어느 옷보다도 고맙게 소중하게 입고 다닌다. 보살님의 사업과 가정이 잘되기를 간절히 기원하면서 입게 된다.

특이한 직업으로 인해 특이한 사람들을 많이 만나게 된다. 시인, 화가, 작곡가, 가수, 악기 연주하는 사람들 연극인, 사업가 등등 나처럼 다양한 직업을 가진 예술가나 사업가를 만나는 사람은 드물다고 할 만큼 오지랖 넓게 많이 만난다.

그 중에는 나를 이용할 가치가 있다고 생각하는 사람들도 있는데, 그리 기분 나쁜 일만은 아니다. 내게 그럴 만한 능력이 있다는 것쯤으로 생각한다. 순수하지 않은 마음으로 접근하는 사람들은 처음엔 귀찮을 정도로 연락을 하다가 일이 다 끝날 즈음엔 점점 줄어들고 어느새 점 하나 없이 끊어지는 사람도 있다. 처음부터 바라는 것 없이 시작하는 일은 섭섭하지도 괘씸하지도 않다. 그저 인연이 여기까지인가보다 한다. 그러나 다음에 부탁해 올 때는 아무리 큰돈이 생겨도, 아무리 좋은 일이 있어도 절대 손잡지 않는다. 버릴 때 버릴 줄 아는 용기와, 체념은 빠를수록 좋다는 게 내 지론이다. 일이나 사랑도 '당신의 도움이 필요한데 도와줄 수 있느냐? 혹은 당신을 좋아하는데 내 마음을 받아 주겠느냐?' 는 솔직한 제안은 매력 있다. 인연이 되면 함께 하는 것이고, 아니면 그만두게 되어 있다.

특별한 인연은 내가 만들고 싶다고 해서 이루어지는 게 아니다. 반대로 상대방이 억지로 만들려고 해서도 이루어지는 것이 아니다. 하늘의 뜻이 있어야 한다고 믿는다. 억겁의 인연이 있어야 서로 좋은 인연을 맺을 수 있다는 것을 살아갈수록 절실하게 느낀다.

그리 오래 되지 않은 몇 달 전의 공식석상에서 지인의 소개로 만나 인사를 나누었고 나나 상대방은 처음이라고 생각한 사람이 있다. 그런데 얼마 전 사진을 정리하다 보니 10년 전, 20년 전에 함께 식사를 하고 사진까지 찍었던 분들이었다. 재회의 인연은 무슨 깊은 뜻일까 싶어 신기했다.

(2008. 2)

두 부류의 사람

나이 들면서 달라진 것이 있다면 주위 분들이 무척 소중하게 여겨진다는 점이다.

사람은 나이 들면서 두 부류로 나누어진다고 한다. 욕심이 더해지면서 천년만년 살 것처럼 거드름 피우고, 게다가 경제적으로 풍족하고 지위가 높아질수록 자기가 신이나 된 것처럼 행동을 하는 부류가 있다. 얼굴에는 욕심이 덕지덕지 붙어 있고, 뭐든지 돈이면 해결된다고 믿는다. 돈도 많으면서 선비처럼 사는 사람들은 왜 없을까.

내 주위에도 돈을 아주 많이 번 사람이 여럿 있다. 단돈 몇 천원 불우이웃돕기 하는 데도 입에 거품을 물고 따지는데 돈이 문제가 아니라 이런 돈이 어디로 흘러들어갈지도 모르고, 어떤 엉뚱한 놈이 가로챌까봐 그런다는 게 이유이다. 다 그렇다는 건 아니지만 그런 사람들의 눈을 잘 관찰해 보면 그 동안 돈을 쓸어 모으기 위해 얼마나 혈안이 되었을까 싶게 살기가 돈다.

술집에 가서는 한 병에 몇 십만 원 씩 하는 양주와 술집아가씨들의 팁, 노래 반주 해주는 사람들한테 주는 팁까지 정말 시원하게 화끈하고 멋지게 남자답게 뿌리고 나오면서 말이다.

다른 한 부류는 줄줄 새는 돈은 없어도 껌 파는 할머니에게, 볼펜 파는 장애우와 지하계단에서 구걸하는 걸인에게, 구세군냄비에까지 아낌없이 만 원짜리를 쓰는 사람들이다. 없는 사람에게 만원은 큰돈이다. 슬쩍 물어 보았다.

"만약에 저 돈이 저 불쌍한 본인한테 가지 않고 엉뚱한 데로 새면 어쩌지요?"

"그거야 할 수 없지요. 지금 내 눈앞에 보이는 저 사람한테 주는 마음 하나면 돼요. 조금이라도 나눠 주겠지. 뭐 다 가져가겠어요?"

그런 사람들은 참 열심히 산다는 것을 오랫동안 지켜보면 안다. 본인한테는 인색하다. 와이셔츠 소매 깃, 목깃이 낡으면 그 부분만 수선해 입는 알뜰한 사람이다.

만난 지 몇 년 되진 않았지만 사람냄새 나는 분을 알고 있다. 생활규범 잘 지키며 사는 법사님이시다. 이런 분을 만나면 믿지 말라고 해도 불교를 믿고 싶다. 모든 사람에게 공손하고 따뜻하게 웃으며 최선을 다하는 모습. 침 함부로 뱉지 않고 작은 종이 하나라도 함부로 버리지 않는다. 돈 내고 먹는 음식이라도 수고한 모든 손길에 감사할 줄 아는 분이니 누가 싫어하겠는가? 매시간 최선을 다해 살아가는 분이시라 존경하지 않을 수 없다. 단 한 번도 본인 이름은 내세우지 않고 누가 보든 안 보든 좋은 일 많이 하고, 뭐든지 나누는 일이 습관이 된 분이다.

욕심이 하늘을 찌르는 사람에게 몇 백 년 동안 살 자신이 있는지 물어 보고 싶다. 아무리 명예와 부귀영화를 누린다고 해도 자연의 법칙을 거스를 수 있는 사람은 없다. 생사고락은 누구에게나 똑같이 부여된다. 조금의 시간 차는 있겠지만 부여된 것들을 얼마나 잘 활용하느냐의 차이일 뿐이다.
(2007. 12. 11)

봄꽃 피는 콘서트

한 달 전쯤, 활발한 활동을 하고 있는 클래식 기타리스트 배장흠 선생으로부터 두어 번 전화가 왔다. 압구정 모 병원 빌딩 테라스에서 콘서트를 하니 꼭 참석해달라는 내용이었다. 오래 전부터 클래식을 널리 보급하고 싶다는 취지를 가진 사람들이 모여 개최하는 첫 음악회이기에 심혈을 기울이는 듯했다. 언젠가 신사동 칵테일 바에서 젊은 기타리스트들과 진지하게 토론하는 것을 본 적도 있어 나 역시 무척 기대가 되었다.

녹음실을 이전하려고 공사를 하고 있었던 때였다. 마무리 단계인데도 할 일이 자꾸만 생기고 일이 끝이 없었다. 좁은 공간을 조금이라도 넓게 쓰려고 머리에 쥐가 나도록 궁리하며 짐들을 이리 옮기고 저리 옮기고 하다보면 어느 새 온 몸이 땀으로 범벅이 된다.
별일 없으면 토요일엔 편한 바지차림에 모자 쓰고 운동화 신고 가볍게 출근했다가 퇴근길에 슈퍼 들러 반찬거리를 사곤 하는데, 그 날은 음악회에 가야 하기 때문에 원피스에 하이힐을 신고 나왔다. 하이힐을 신고 몇 시간 동안 일을 했더니 허리가 제대로 펼 수도 없을 만큼 아프고 다리와 발도 무지 아팠다.

음악회장에 도착하니 리허설이 한창이었다. 노래와 기타, 피아노, 첼로 소리들이 어울려 꽃들이 한꺼번에 신나게 피는 듯한 느낌이었다. 테라스 한 쪽에서 이제 막 피기 시작한 작은 꽃들도 춤추는 듯 바람에 살랑거렸다. 주인장인 의사부부가 그렇게 꽃밭을 만들어 놓았다고 했다. 한쪽에 마련된 간단한 와인 바에서 사람들은 와인을 마시며 서로 인사 나누기에 바빴다. 오픈된 공간에서 음악회를 즐기는 것은 흔치 않은 축복이다. 5층 아래로는 수많은 사람과 자동차가 물고기 떼처럼 오가고, 맞은 편 고층 아파트 베란다 창문에서 부러운 눈길로 건너다보는 사람도 몇 있었다.

리허설하던 배 선생이 내가 온 것을 보고는 목례를 하더니 잠시 후 나팔꽃처럼 활짝 웃으며 달려와 가볍게 포옹한다. 언제 길렀는지 그의 턱에는 잘 손질된 수염이 배시시 달려 있었다. 연주회를 열수 있도록 도와준 의사 선생도 다가와 백합처럼 웃으며 악수를 청한다.

‘테라스 연주회 제1회’ 라는 현수막이 나비처럼 팔랑거린다.

하얗고 예쁜 의자와 긴 나무 의자. 음질 좋은 음향시설과 형형색색의 꽃들로 가득한 꽃밭. 여러 가지 와인과 과일, 떡을 준비하는 배려와 정성이 가득한, 영화에서나 볼 수 있는 광경이다. 우리 딸들의 결혼식을 이곳에서 해도 좋겠다는 생각을 해보았다.

사방팔방에 고층 아파트와 고층빌딩이 있는 압구정동 한복판 테라스에서 음악소리가 퍼진다는 것을 생각만 해도 기분이 좋아졌다. 나 혼자 신에게 선택받은 것 같았다. 병아리처럼 하늘 한 번 쳐다보고 와인 한 모금 마시고, 느긋하게 주변을 둘러보았다. 택시 타러 나가기가 힘들 정도로 다리와 발이 무척 아팠었는데 언제 그랬냐는 듯 가뿐하고 맑아졌다.

연주회가 시작되었다. 눈을 감고 음악을 들으니 마치 숲 에 와 있는 듯, 비행기를 타고 구름 위를 가는 듯했다. 두 시간 동안의 연주가 끝날 즈음에는 서산으로 넘어가려는 붉은 해가 감은 두 눈과 이마를 뒤덮는다. 꽃들 위에도 그림자가 내려앉는다. 천상의 소리 같은 바이올린, 첼로, 클래식기타, 허스키한 재즈, 감미로운 오페라 아리아…

좋은 음악을 만나기가 그리 쉬운 일은 아니다. 얼마만인가. 매일 밥과 김치, 된장찌개만 먹다가 특별한 날에 스테이크 먹은 것 같은.

4월이지만 음력으로는 3월이어서인지 해가 넘어가기 무섭게 쌀쌀해졌다.
연주자들과 가수들이 긴장한 탓도 있겠지만 얇은 연주복이 추워 보인다.
고맙고 미안했다. 작은 콘서트에 최선을 다하는 프로정신이 아름다웠고,
예술을 될 수 있으면 많은 사람과 공유하려는 마음씨 또한 고맙고, 연주회
가 가능하도록 준비한 손길이 참 예쁘고 고맙다.

요즈음처럼 먹고살기 바쁘다고 난리치는 세상에 이런 여유를 준 마음이
고마워 큰 박수를 보냈다. 꽃밭에서 앞 다투어 피려고 아우성치는 꽃들은
머잖아 대궁만 남기고 져버리겠지만 오늘 열린 작은 콘서트는 사람들 가
슴 속에 봄꽃으로 남아 영원히 피어나리라.

(2005. 4)

만화 보는 60대 소년 작곡가

예향의 도시, 전라도 작은 섬 태생인 안치행(67세)은 이미 가슴 안에 감성적 자질을 갖고 태어났다고 할 수 있다. 이후 익산(이리)에서 초, 중, 고를 다녔다.

6.25사변 등 혼란의 시절을 겪은 그는 제과점을 운영하던 부모님 밑에서 그런대로 부유하게 성장했다. 그의 말에 의하자면 '나는 진즉이 홀라당 발라당 까진 사람' 이라고 말할 만큼 사춘기에 또래들보다 일찍 눈을 떴고 현실감각이 남다르게 성장했다.

사춘기 때, 남자라면 한 번쯤 거쳐 가는 사나이들만의 모임에 의기투합, 잠깐 방랑생활도 했다. 공부에는 전혀 관심이 없던 그는 고등학교 2학년 때, 아이들이 길에서 갖고 놀던 기타를 우연히 접하게 되면서 필연을 맺게 된다. 그 동안의 모든 일들이 시시하게 느껴졌다. 밤낮 기타를 튕겨 보며, 기타에서 울려나오는 소리에 마치 온 인생을 걸어 버린 양, 화장실 가는 일

외에는 방안에서 나오지 않고, 잠을 잘 때도 배 위에 올려놓고 잘 정도로 기타를 사랑하게 된다.

일본말로 '무데뽀' 란 별명을 가질 정도로 저돌적인 그의 행동실천은 집요해, 7개월 동안 오로지 기타연주에만 매달렸다. 7개월 후, 익산에 기타음악학원을 차리는 황당한 행동이 개시된다. 전라도 주위에서 열리는 크고 작은 노래자랑에도 참여하면서 음악에 대한 꿈은 방대하게 부풀기 시작했다. 부풀어 오른 열정을 소도시에서 펼쳐 놓기엔 부족해 서울로 진출하게 된다. 기타학원에서 만난 사람들과 '영 사운드' 라는 그룹을 결성하여 1966년 미8군 패키지쇼에 데뷔함으로써 정식 음악인이 된다.

1972년 '달무리', '등불' 등은 데뷔작으로, 나오자마자 공전의 히트를 기록했다. '75년 '안타음반' 을 설립해서 빠른 속도로 명예와 사업의 정상궤도에 오르게 된다. 살아가는 데 있어서 운도 따라 주어야 하지만 아마 그의 '무데뽀' 같은 열정에 하늘도 감동했는지 모른다. 주먹구구식인 것 같지만 빠른 머리 회전으로 승승장구한 그의 음악사업과 그가 만들어 낸 음악은 대중들의 애창곡으로 오래도록 기억된다.

'78년 '사랑만은 않겠어요' 로 MBC 최고 인기작곡상을 받게 되었고, 30년간 많은 가수들이 그의 음악을 통해서 재탄생되었다.

당대의 트로이카를 앞세워 음악인들에게 창작의 영감을 일깨웠다. 정식으로 음악을 전공하지 않은 그는 순전히 가슴 속에서 나오는 영감을 통해 한국 대중음악계에 커다란 획을 그어 놓았다고 해도 과언이 아니다. '오동잎', '앵두', '사랑만은 않겠어요', '실버들', '연안부두', '연상의 여인' 등 많은 히트곡을 내었다. 70년대와 80년대 트로이카로 등장해 대중음악의 선구자가 되었을 뿐만 아니라 뉴에이지 창작의 영감을 일깨웠다고 볼 수 있다. 어찌 보면 '억수로 운 좋은 남자'이거나 '참 어처구니없는 남자'로 보여지기도 한다.

10년 전 새해가 시작되는 1월 2일 처음 만났을 때, 그는 TV앞으로 허리를 굽힌 채 만화영화를 보고 있었다. 한 사무실에서 긴 시간 동안 보아 온 그의 식지 않은 음악의 세계는 그의 순수한 어린아이와도 같은 상상과 행동에서 나오고 있음을 알 수 있었다.

상상의 나래를 펴는 만화영화를 보면서 음감을 가져 오고, 만화와 사극을 보면서 세상을 대비시켜 보고 그리고 '무데뽀' 같은 기질이 영영 저물지 않을 음악을 탄생시킨다. 그만의 급한 성격은 오히려 지칠 줄 모르는 원동력이 되었다. 아이러니컬하게도 책은 거의 읽지 않고 신문은 거의 대문자만 보는데도 내용을 꿰뚫어 보는 혜안은 혹여 전생에 이미 다 파악한 것 아닐까? 라는 짙은 의문을 갖게 한다.

무슨 일을 해놓으면 자랑하고 싶어 안달이 나는 어린아이처럼, 불규칙한 시계추처럼 좌우로 흔들거리며 걷는 걸음은 마치 뒷골목의 소년 대장을 연상하게 한다. 좋아하는 일을 끝까지 해야 하고, 싫은 일은 곁눈질도 하지 않는, 극과 극을 달리지만 사업적인 면에서도 누구보다 뛰어난 그가 요즈음, 기타를 맨 처음 사랑하던 옛날로 돌아왔다. 본디 그가 돌아가야 할 자리로 돌아왔을 뿐이다.

안치행!

그도 어쩔 수 없이 진정한 음악인임을 의미하는 모습이다. 그가 녹음실 부스에 앉아 믹싱을 하고 있을 때가 가장 잘 어울리는 모습도 바로 이 때문이다. 그가 빚어낸 음악을 들으면 그리움과 눈물이 흠뻑 배어 있다. 대중적이면서도 차원 높은 음악성이 있기에 사람들이 그가 만든 노래를 사랑하는 이유이기도 하다.

섬세하지만 섬세하지 않은 그, 순수하지만 순진하지 않은 그의 모습을 그의 음악세계도 닮았다. 체계적이고도 거창한 음악세계는 구축하지 않았지만 왠지 친근감이 느껴진다. 아날로그 시대가 가고 디지털 시대가 도래하자, 당연히 음반시장도 죽어버리고, 음반제작자나 가수들은 갈 길을 몰라 방황을 하게 되었다. 그와 함께 나도 살길을 찾기 위해 색다른 길을 모색하게 된다. 기독교 음악에 비해 불교음악이 발달하지 못한 점을 활용하기로 하였다. 불교음반시장에 뛰어들어 찬불가를 만들고, 그는 불경에 곡을 붙였고, 나는 경마다 낭독을 하여 여러 장의 음반을 내었다.

산스크리트 어로 된 어려운 경을 부를 가수가 없을 뿐만 아니라, 돈벌이가 안 된다는 이유로, 작곡가로만 살아 온 그가 60중반에 불자가수로, 가수 아닌 가수가 되었다.

오랫동안 그와 내가 같은 생각을 하고 같은 길을 함께 걸어 온 큰 이유는 마음이 맞는다는 것이다. 처음 시작할 때는 경제적인 면도 고려해서 기획하다가 나중에는 늘, 이왕 시작한 거 끝까지 해보자는 식이고, 또 하나는 보람된 일을 해보자는 오기 아닌 사명감으로 마무리를 짓는다. 이런 생각으로 만들어 낸 음악들이 금강경 32분과 반야심경, 신묘장구대다라니, 천수경과 찬불가 등으로, 그와 함께 빚어낸 '적자' 의 성취이다.

12계음 안의 리듬 속에 나비처럼 훨훨 날아다니는 듯한 행복을 조율해 주는 그의 정열은 나이도 비켜간다. 그는 만년 소년이자 만년 청년이다.

바람 깊어 차오르는 빛 '심웅택'

'심웅택'의 그림은 봄이다. 늘 봄을 꿈꾼다.

아직 녹지 않은 황갈색의 언 땅이거나 회색의 대지 아래 싹이 돋아나려고 용트림하는 봄이다. 머잖은 날 민들레 홀씨가 풀풀 날릴 것만 같다. 가만히 들여다보고 있으면 조금씩 가슴이 설레기 시작한다. 무수한 이야기들이 옹알거린다. 수많은 시간의 흔적들이, 풀어놓아야 할 이야기의 흔적들이 보인다. 누군가가, 혹은 그가 간절하게 기원한 기도문들 같은 가슴의 편린들을 수없이 지우고 다시 쓴 자국들이 선명하게 남아 있다. 무심코 지나간 자취들이 아니라 심 화백이 쳐둔 그물에 걸린 바람과 햇빛과 꽃들의 선명한 이야기이거나 이 세상 모든 사람들의 이야기이다.

만난 시기에 비하여 그리 많은 대화가 오고가지 않았음에도 불구하고 나는 그를 많이 알고 있다. 그의 그림이 곧 그니까. 그는 누군가를 매일 그리워하고, 그리워서 가슴에 꽃을 피운다. 가슴에 나비를 불러 모으고 바람을 머무르게 하니 부드럽지 않을 수 없다. 단순하면서도 단순하길 거부하므로 이야깃거리가 많지만 일일이 말하고 싶지 않아 추상적이다.

그의 가슴 밭에는 여러 가지 꽃들이 산다. 꽃을 피우기까지는 자연, 즉 우주의 고통과 축복을 받고 견뎌야 할 것. 그래야만 완전히 합일된 소우주가 이루어진다. 세상의 모든 살아 있는 것들이 응집되어 씨줄 날줄로 짜여 리듬으로 출렁이고 있다. 그는 결코 움직이거나 드러나지 않고 가만히 숨죽여 노래하고 있다. 바다 밑처럼, 심웅택의 그림은 안으로 들어가면 갈수록 온갖 것들이 살아서 활발하게 움직이고 있는 것을 보고 느낄 수 있다.

이런 느낌들은 심화백의 천진난만함에서 나온다. 몸집만 커 버린 아이 같은 그의 가슴에서 나오는 이야기이다. 욕심이 없고, 오직 물감과 선으로 이루어지는 그림의 밥을 먹고 사는 아이. 살아가는 자체도 그러한 사람이다.

마티에르 기법으로 몽환적이고도 반복적으로 흐르는 점과 선의 중첩이 주는 깊이는 찬란한 슬픔, 외로움, 고독 등의 단어를 떠올리게 한다. 무채색의 느낌은 아스라한 그리움을 반추하게 한다. 표현을 절제하고 있으면서도 자유로워서 도리어 모호하다. 끊어지지 않고 계속 이어지는 덧칠의 시각적 효과가 그러하다. 그가 가꾸는 꽃밭에서 아스라이 피어나는 꽃, 꽃 위를 날아다니는 나비들의 조용한 속삭임. 거듭거듭 떨치고 일어나면서 텅 빈 가운데 꽉 차 있는 충만함을 심웅택 화백의 그림에서 볼 수 있다.

오래 된 와당에 어우러지는 마티에르 기법의 작품으로 전시회를 하게 되었다. 기와에 그린 그림이라면 당연히 우리나라의 꽃이거나 호랑이 등 민속화가 주를 이루리라는 기대에 반하여, 그의 추상적이고도 현대적인 느낌의 와당 그림은 신비한 이야깃거리로 풍성하다.

침묵하는 불이거나, 꽃이거나
              -'심웅택' 그림을 보며-

바람 깊어 차오르는 빛인가.
목구멍까지 차오른 그리움 견디지 못해
시리게 피어난다. 침묵하는 불이거나 꽃이거나
그물에 바람이 걸린다.
그물에 꿈이 걸린다. 열리는 세상
젖어 내린다, 스민다, 잠긴다
그냥 두어도 저토록 타오르는 꽃, 꽃
터질듯, 터질 듯이 핀다, 타오른다
젖은 새들의 노래이거나 꽃들의 꿈들이.
가뭇, 꽃대 위에 불 밝히어도
꽃으로 피어나는 노래, 꽃
찬란하다 못해 아픔으로, 그리움으로

온 몸 적신다, 어찌
타지 않고 배길 수 있을까

타는 것은 사랑하고 있다는 것
침묵으로 불타고 있는 꽃이거나 불.

그냥 피어난 꽃들이 어디 있으랴.

코끼리 같은 작가 장덕조

　　　　작고하셨지만 '장덕조' 선생님의 작품과 정신세계는 영원히 살아 있다. 그저 존함 정도만 알고 있다가 바로 함께 동인활동을 하고 있는 박하연 선생님의 어머니라는 사실을 알게 되었다.

장덕조 선생님 작품에 대해 관심을 갖고 있던 중, 2006년 6월 1일 한국여성문학인회에서 주최한 '작고 여성문인 재조명' – '장덕조 선생님' 에 대한 작품과 삶에 대해 프레스센터에서 세미나를 가졌다. 많은 여성문인들이 참석을 했고 남성문인들도 간간이 보였다. 장덕조 선생님의 작품세계와 삶, 인간관계를 잘 조명해 준 특별하고 뜻 깊은 시간이었다.

세 분의 주제발표가 있었다. 선생의 훌륭한 작품도 작품이지만 선생께서 살아오신 치열한 삶에 더 많은 관심이 갔다. 작품은 작가의 삶에서 나오는 것이며 글재주나 말재주보다는 살아온 삶에서 우러나온 곰삭은 글이 더 진실하고 위대하다고 생각해 왔기 때문이다. 살아생전 선생을 만났더라면 더 많은 것을 배웠을 테고, 그랬다면 나도 더 신나게 치열한 삶을 살아오지 않았을까 하는 생각이 들었다.

잔잔하면서도 신선한 충격을 받았다고나 할까. 그 세미나는 작으나마 내 인생의 도화지에 한 획을 그은 동인(動因)이 되었으며 새로운 도전장을 내민 계기도 되었다. 그 동안 많은 훌륭한 문인, 예술가들을 만났지만 내게 인생을 다시 한 번 되돌아보게 한 사람은 많지 않다. 선생님의 사진으로만 본 모습과 평범함 속에 비범함이 깃든 철학과 삶과 글이 가슴 속에 못처럼 박혀왔다. 나 역시 치열하게 살아 왔노라 자부했으나 내가 알고 있는 어떤 단어로도 표현이 불가능한 장덕조 선생의 삶은 또 다른 우주였다.

선생은 1914년 경북 경산에서 출생, 2003년 작고하는 날까지 88년 동안 단 몇 분의 시간도 허투루 보낸 적이 없으며, 참 자유와 참 여유와 참 사랑을 누리며 치열하고도 열정적으로 삶을 불태웠다 하니, 하늘만큼 땅만큼의 존경스러움을 자아내게 한다. 한 남자의 아내요, 일곱 자녀의 어머니요, 직장인이었으며 작가였던 선생은 한국 문학사에서 가장 많은 작품을 남긴 작가로 기록되어 있다. 성격만큼이나 작품성향도 스케일이 무척 크다. 유려한 문장이 특징인 대하 역사소설은 강인한 작가 정신과 문학에의 사명감, 의지를 극명하고 완곡하게 반영하고 있다.

‘조선왕조 오백년’, ‘여인열전’, ‘대원군’ 등 많은 역사소설 외에도 장편 90여 편, 단편 120여 편, 영역수필, 소설집 12권 등의 많은 작품을 만년필로 또박또박 썼다. 작품수도 놀랄 만큼 많은 데다 선생의 삶 자체가 더 거대한 산 같아 보인다. 독립운동가였던 부군을 만나 4남 3녀의 자녀를 홀로 키우시다시피 하면서, 어려운 환경 속에서도 여유롭고 자유로운 면모를 보여 주어 일곱 자녀 모두 어머니의 자세를 거울삼아 훌륭하게 성장했다. 종군기자 등 신문기자의 박봉에도 어려운 문인들을 도왔다. 와중에 어떻게 그 많은 작품을 쓸 수 있었을까.

선생의 삶에 비하면 나는 안일하고도 게으르다. 외로움에 몸부림을 쳤던 일들, 겨우 아이 둘 키우면서 힘들어했던 일, 사소한 일들로 고통스러워하고 불필요한 자존심으로 인해 밤 새워 고민했으며, 사랑을 잃어버릴까 아까운 시간들을 허비했던 일들이 모두 부끄러워졌다.

그냥저냥 물 흐르듯 살다가 죽을 때가 되면 죽는 거지 하는 안일한 생각이 요즘 내 생활의 일부이다. 남들보다 조금 더 힘들었다는 핑계로 사는 일을 대수롭지 않게 여기진 않았나 하는 자책감과 함께 선생에 대한 글을 읽어 내려가면서 정신이 번쩍 들었다.

소위 글을 쓴다는 사람이 지지리궁상으로 살아오진 않았나 반성이 되면서 가슴 깊이 숨죽여 있던 꿈과 목표가 보였다. 말로만 무념무상하고 깊은 뜻은 몰랐던 무식이 한바탕 머리를 후려치고 지나갔다. 껍데기만을 위해 많은 시간을 투자했었음을 알게 되었다. 선생의 삶에 비하면 내 삶이 얼마나 큰 사치인가를 알게 되었다.

코끼리는 죽을 때가 되면 아무도 모르는 곳에 가서 죽는다고 한다. 선생도 돌아가실 즈음에는 아무도 만나지 않고 아무도 모르는 곳에서 작품에만 몰두하다가 코끼리처럼 돌아갔다고 한다.

선생이 남긴 많은 말씀 중에 몇 가지만이라도 내 가슴에 심어두고 사치스러워질 때마다 꺼내어 지침서로 삼아야겠다는 생각을 했다.

"방황 없는 인생, 모색이 허락되지 않는 생활에는 발전이 없다. 이 세상에 태어난 사람은 누구나 인생이란 장편소설을 남기고 이승을 떠나기 마련이다. 오천년 역사 속에 살다 간 사람의 숫자는 헤아릴 수 없지만 그 많은 사람의 수효만큼이나 다양한 생활과 고뇌와 풍운의 빛과 정취가 그 속에 담겨져 있는데 그 중 몇 분의 인생이라도 또렷이 부각시켜 후대 사람들이 우리 한국인의 본질을 이해하는 데 도움이 되었으면 한다."

선생께서는 소속이 무슨 의미가 있냐며 문단의 어떤 단체에도 가입하지 않았다고 한다. 작가가 작품으로만 말하면 그 뿐이며, 남성이니 여류이니 대별하는 풍조도 무색하고 어색하다고 했다. 작고하시기 전까지도 남은 시간을 홀로 작품에 몰두했다 한다.

선생이 키워낸 일곱 분의 자녀는 현재 은행 총재, 학자, 사장, 시인, 소설가, 서예가로 활동하고 있다. 건강하고 보통으로 공부하고, 봄바람의 따스함을 느낄 줄 아는 피부와 아름다운 자연의 소리를 들을 줄 아는 귀와 좋은 풍경을 감상할 줄 아는 사람, 타인의 불행을 함께 슬퍼할 수 있는 부드러운 감성을 지닌 사람이 되기를 원했던 평범한 자녀교육은 오히려 어떤 교육관 보다 자녀들을 훌륭한 길로 이끌었다.

평소 지나치게 많은 것을 추구하고 지나치게 높은 것을 얻으려는 인생철학을 가진 인간은 추하다며, 그런 사람의 마음은 이기심으로 가득차서 감각은 무디어지고 다른 사람의 불리와 희생을 헤아릴 줄 모르게 된다고 자녀들이나 주위 사람들에게 자주 일렀다 한다. 자식에 대한 모성애는 여느 어머니와 조금도 다를 바가 없어서 사랑의 표현을 이렇게 하셨다며 회고했다.

"그 맹목의 애정, 견딜 수 없는 그리움, 가슴에 멍이 들게 하는 통한, 혹은 엄습해 오는 충만감, 모성애는 일종의 도취로서 나 자신의 개성이 너무 강한 나머지 어머니를 향한 아들딸들의 정성을 외면한 것처럼 되어 버렸으나 지순한 모정은 가지 많은 나무, 세찬 폭풍 속에서도 존재를 확인케 하는 강한 사상을 내게 심어 준 것은 많은 가지들인 내 아들 딸들이다. 우리는 살아 있다는 사실, 존재한다는 사실을 생의 원리로 삼고 있는 점에서 서로 공통한다"

더 이상 무슨 말이 더 필요할까? 무슨 표현이 이 사랑을 대신할 수 있을까?

또한 글 쓰는 사람들에게 일침을 놓는 말씀도 잊지 않았다.

"작가는 글 쓰는 사람이고 글 쓰는 일만이 행복하다. 작가는 장사꾼이 아니므로 현세욕에 초연한 선비기질을 당연히 지녀야 한다. 나는 절대로 자유인이다. 육체적으로 쾌적하고 평온한 생활을 하는 것만인 신체의 안일은 심리적인 충족과는 상관이 없는 것이다 내 자유를 침범하는 간섭에는 따를 수 없다. 나는 아집이 아닌 의지로 지상에 머무는 동안 나 자신을 지킬 것이다. 인생 오십을 살거나 육십을 살거나 영겁으로 흘러가는 시간 앞에서는 다 같이 일순이요, 일찰나에 불과하지 않겠는가"

무엇보다도 장덕조 선생이 작가로 한 인간으로 어머니로 사는 동안 어떻게 그토록 엄청나고 치열한 힘을 가질 수 있었는지 놀라울 따름이다. 세찬 비바람에도 흔들리지 않는 큰 고목처럼 굳건하게 가고자 하는 방향으로 나아가다가 2002년 2월 17일 만 88세로 영면하신 선생의 정신에 크나큰 존경을 바친다. 살아생전 단 한 번도 뵌 적 없지만 선생의 작품 세계와 진정한 자유정신, 올바른 처신과 꿋꿋함은 가장 인간다움을 보여준 분이라 믿어진다.

살면서도 살기 싫어질 때가 나 자신의 게으른 냄새, 주위의 일부사람들의 먹고 놀자 판, 추잡한 행동과 말투를 어쩔 수 없이 접해야 하는 상황에 처할 때이다.

갈증이 생길 때 마다 성경을 읽고 교회에 가서 예배도 드리고, 명상을 하고 좋은 말씀을 접하지만 간신히 목구멍만 적셔 줄 뿐 그 어떤 것도 나를 속시원히 해갈시켜 주지 못한다.

장덕조 선생은 작가이기 이전에, 아내에게 자상하기는커녕 별로 신경도 써주지 못하는 독립투사 남편의 아내요 살림만으로도 힘든 일곱 명 자녀의 어머니였지만, 직장을 다니면서 장편 대하역사소설을 수십 편 쓰는 등 우리 문학사 중 가장 많은 작품을 발표했다하니 정말 대단하다 하지 않을 수 없다.

선생은 이제 나의 인생과 문학에 한 획을 그은 스승이 되셨다고 감히 말하고 싶다. 이제부터는 사는 일이 외롭지도 두렵지도 않을 것 같다. 분명 그렇다. 나는 내가 가야 할 길을 찾았고, 치열하게 부지런히 이 길을 걸어 가야하므로 두려워 할 시간도 외로워 할 시간도 없기 때문이다.

내 나라에서 아무 생각 없이 살았던 사람들도 외국에 나가 살거나 여행을 하게 되면 누구나 애국자가 된다고 한다. 나도 오래 전에 뿌리인 고향을 떠나 30여년 서울에서 살았다. 아이들 다 크고 나이 들어 마음의 여유가 생기니 저절로 애향심도 생기는걸 보면 그 모든 것이 인지상정인가보다 싶다.

오래 살다보니 서울이 제 2의 고향처럼 생각되기도 하지만 그래도 어릴 때 자란 내 고향만 같을까. 어느 날 문득 거울 속에 비친 중년의 모습과 내 키보다 훌쩍 커버린 아이들 모습이 떠나 살아온 세월을 증명하지만 부모형제들과 함께 살아 온 땅은 절대 버릴 수 없고 잊을 수 없으며 유년의 기억들은 세월이 흐를수록 더 그리워진다.

어젯밤 새삼스럽게 '감격'이라는 단어에 희열을 느꼈다. 서울 도심 네거리, 그것도 내가 사는 동네의 큰 빌딩 위 전광판에서 내 고향을 선전하는 광고가 영화처럼 나오는 것을 보고 흥분과 감동에 울먹였던 거다. 비단 나뿐 아니라 누구든지 자기 고향에 관한 광고가 나온다면 감동하지 않을 사람이 어디 있을까.

10시가 훨씬 지난 늦은 밤 운동화를 신고 전광판이 설치된 논현역 영동사거리로 뛰어나가 전광판이 잘 보이는 건물 맞은 편 거리에 서서 떨리는 가슴으로 지켜보았다. 아! 드디어 ‘풍기인삼, 500년 역사’ 라는 큰 글씨와 함께 인삼그림과 인삼밭 풍경이 나왔다.

풍기! 풍기! 풍기! 내 고향 풍기의 자랑인 인삼!

너무 기쁘고 좋아서 지나가는 사람들을 붙들고 소리를 지르고 싶은 걸 간신히 참았다.

“저것 좀 보세요! 저기 ‘풍기인삼!’ 이라고 나오지요? 저기 나오는 풍기가 바로 제 고향이거든요! 인삼이라면 역시 풍기인삼이 최고지요!”라는 대사를 속으로 중얼거리면서 신이 났다. 까치발을 하고 서서 혼자 생글생글 웃으며 서 있는 아줌마를 보고 사람들이 ‘저, 아줌마 미쳤나…’ 했겠지만 뭐, 그러면 어때. 난 무지 감격스럽고 행복한데…

집에 들어왔다가 조금 후에 다시 그곳에 나갔다.

다시 또 봄날은 가고

이렇게 좋은 봄날엔

이렇게 좋은 봄날엔 오태석 교수님이 맨 먼저 생각납니다. 여전히 짧은 스포츠형 헤어스타일이시겠지요. 해맑은 아이같이 벙긋한 웃음 또한 여전하시겠지요. 매년 봄볕이 따스한 날이면 교수님이 생각납니다. 천진난만한 아이 같지만 연극연습 때는 누구보다도 무서우셨구요.

99년 3월이 시작되던 날 O.T.를 갔었지요. 흘러간 노래를 유난히 좋아하셔서, 흔들거리는 버스 안에서 어린 학생들이 옛 노래를 구성지게 부르기라도 하면 너무나 좋아하시기에 학생들이 너나 할 것 없이 일어나 목청껏 부르던 모습이 눈에 선합니다. 화장실 가기 위해 잠깐 휴게소에 내렸지요. 그 날, 왜 그렇게 봄볕이 아름답고 좋았는지요. 맑은 하늘을 하염없이 바라보고 계시던 교수님께서 그만 거기 계속 계시겠다고 떼(?)쓰시는 바람에 다른 교수님들과 학생 모두가 교수님 구슬리느라(?) 엄청 힘들었었지요. 이렇게 아름다운 햇빛을 언제 또 볼 수 있겠냐는 거였어요. 해 기울면 못

볼 텐데, 좀 더 보고 천천히 가자는 거였지요.

저는 그렇게 행동하시는 교수님이 너무 멋져 보였습니다. 가끔은 쉬면서 느리게 가면 어떤가. 인생을 제대로 아는 분으로 더욱 존경하게 되었지요. 그런 날이 어디 한두 번이어야지요. 남들은 괴팍하다거나 정신연령이 낮다고들 하지만 인생을 멋지게 사는 분이시라는 걸 저는 알았습니다. 말은 쉬워도 행동을 할 수 없는 것이 사람 사는 일인지라 참으로 어렵지요. 자유로우나 절제를 잘 실천하는 분이셨지요.

햇빛 좋고 바람 달콤한 날에는 답답한 교실보다 학교 가까운 뒷산 공원이나 남산에 올라가 수업을 하셨지요. 수업이라기보다는 각자 삶의 체험을 풀어 놓는 이야기수업이었는데 학생들은 달려오던 시간들을 느슨하게 풀어 놓으며 인생을 쉬어가는 방법을 배웠지요. 모두들 행복해 보였어요.

그러나 일단 연극연습에 들어가면 어린 학생들과 함께 밤을 새우며 식사를 하고 술을 사주시지만 한 점 착오 없도록 철저하게 무서웠던 교수님이셨지요. 그런 날들이 지금은 모두 꿈만 같고 너무나 그립습니다.

연극을 하거나 연극에 조금의 관심이라도 있는 사람이라면 연극 연출가 오태석 교수님을 존경하지 않는 사람이 없습니다. 특히 우리 큰 딸 선주(현경)는 오태석 교수님 강의를 듣기 위해 서울예전 극작과에 입학했습니다. 저 역시 오 교수님 강의를 들었습니다.

오 교수님은 옷이 필요 없는 분이십니다. 여름이면 반팔 러닝셔츠가 유일한 옷입니다. 출 퇴근 때는 늘 전철을 타고 다니시는데 점퍼를 걸치면 외출복이 되지요. 헤어스타일은 시간이 아까워 스님처럼 하셨고, 등에는 배낭이 낙타 혹처럼 달려 있습니다. 배낭에는 많은 책이 들어 있었지요.

식사 대신 맥주와 멸치를 즐겨 드시던 교수님께서는 학생들에게 존경을 받으면서도 친근감을 주는 어버이셨고, 오빠, 형 같은 분이셨지요. 가끔 교수님의 그런 모습을 세상이 인정해 주지 않을 때도 있어 간첩으로 오인받고 경찰서에 잡혀간 적도 있었다지요. 항상 소리 없이 빙긋 웃으시며 머리카락 한 올 없는 머리만 앞뒤 쓸어내리시던 교수님, 오늘도 햇빛이 너무 좋습니다.

어디 사건이 이뿐이던가요? 나라에서 받는 연금이나 봉급을 받는 날엔 여지없이 배고프고 술 고픈 학생들을 위해 학교 골목 식당마다 교수님의 돈은 쪼개 맡겨져 학생들이 언제나 먹고 마실 수 있도록 해주셨지요.

스승의 날에는 고민할 필요 없이 러닝셔츠와 멸치를 선물해드렸더니 어찌나 좋아하시던지요. 요즈음도 러닝셔츠와 멸치만 보면 오 교수님 모습이 선하게 떠오릅니다.

누구라도 대학로에 위치한 소극장 '아룽구지'로 찾아가면 뭐라도 먹여 보내시던 교수님, 언젠가 선주랑 함께 방문했던 날도 공연 전이라 무척 바쁘

셨지요. 무척 반가워하시면서 냉장고 문을 열고 아이스크림 한 통을 꺼내
셨어요. 이거라도 먹고 있다가 공연 끝나고 꼭 술 한잔 하자고, 절대 그냥
가면 안 된다는 말씀을 몇 번이나 되풀이하며 공연장에 들어가셨습니다.
언젠가는 여러 명이 우연히 교수님을 만났는데 너무 좋아 어쩔 줄 몰라 하
시며 길에서 팔고 있는 목걸이를 하나씩 모두에게 사주셨지요. 술과 밥도
사주시고 가난한 학생들에게 차비까지 주머니에 쑤욱 넣어 주시던 정 깊
은 모습 기억하고 있습니다.

'분장실'이라는 공연을 할 때였습니다. 공연이 끝난 후 어디 가서 술 한잔
할까 하던 중 '분장실'이란 간판이 보였지요. 우린 모두들 한 목소리로 외
쳤지요. 이 카페는 분명 분장실이란 연극을 보고 감격해서 오픈한 카페이
니 무조건 이곳에 가야 한다며 2층으로 와르르 몰려갔는데 우와~ '분장
실'이 아니라 '회장실'이었지요. 8명의 눈들이 왜 한결같이 '회' 자를 '분'
자로 보았는지. 결국 교수님 단골 술집으로 향했지요. 그 날 있었던 아름
다운 기억 한 부분을 시로 담았지요.

  분장실 혹은 회장실

  '분장실' 연극 관람 후, 우리는
  제2분장실을 찾았다
  붉은 불빛 아래 반짝이는 이름

Cafe– '회장실'
오호
회장실과 분장실 차이는
뭣이 다르리, 오우케이
"회장님들! 어서 오십시오!"
"우리들은 회장님 아니잖아?"
"우린 지금 화장실이 필요하다구요!"
(2001. 3)

고마워

　　　　죽을 때 진정한 친구 한 명만 있어도 행복한 사람이고, 세 명이면 아주 행복한 것은 물론 훌륭한 인생을 산 것이라 한다. 내게는 앞집 뒷집 코흘리개 꼬마 때부터 수십 년을 함께 지내 온 친구가 있다. 그 친구는 여자가 아니라 남자다. 함께 나이 들어가는 모습을 보게 되리라고는 별로 기대하지 않았었는데 나이 들수록 혈육처럼 참 편안한 친구이다.

때론 깊은 우물 같고, 때론 잔잔한 강물처럼 흐르며, 때론 엄마 같다. 없는 듯해도 내게는 꼭 필요한 공기와 같다는 말이 그 친구를 나타내는 최상의 표현이다. 생각하기만 해도 어디서부터 오는지 모를 따뜻함과 편안함이 온 몸을 감싸며 가슴이 따뜻해진다. 나도 모르게 혼자서 저절로 중얼거리게 되는 말 '고맙데이, 고맙데이, 정말 고맙데이…'

그 친구는 단 한 번도 나를 가슴 아프게 한 적이 없다. 늘 그림자처럼 웃으며 이해하고 따뜻한 말로 나를 위로해 주는 완전한 내 편이다. 중학교 때부터 내 생일을 단 한 번도 잊지 않고 기억해 준 친구이다. 내가 잘되기를 늘 바라며, 내가 힘들 때 가장 가슴 아파했던 친구이다. 잠깐 나쁜 소문이 나돌 때도, 누가 무슨 말을 하거나 설령 내가 나쁜 일을 했다고 해도 나를 굳건히 믿어 주었다. 용기를 주었고, 힘들다 하면 아무리 먼 길이라도 달려와 손을 꼭 잡으며 넌 반드시 이겨낼 거라 위로했다.

아마 우리는 전생에 사이좋은 자매였거나, 그 친구가 나를 사랑하는 사람이었을 거라는 말을 하곤 한다. 오랜 세월 동안 그 친구가 보여 주는 눈빛이나 말하는 것을 보면 그 어떤 사이도 초월한, 진심으로 아껴 주고 서로 존중해 주는 우정이라는 것을 너무나 잘 알 수 있다.

며칠 전, 그 친구와 저녁식사를 하고 찻집에서 차를 마시며 이런저런 담소를 나누다가 과연 우리가 살아가면서 진정한 친구라고 부를 수 있는 친구가 몇 명이나 될까에 대해 이야기하게 되었다. 이심전심이라 했던가. 우리는 서로에게 '바로 너.' 라는 대답이 동시에 나왔다. 얼마나 고마운지, 얼마나 다행인지 눈물이 왈칵 쏟아졌다. 행여 아니면 어떡하나 잠시 걱정했던 것이 먹구름이 말끔하게 걷힌 것처럼 상쾌해졌다. 너는 나의 진정한 친구라 말하고 싶어도 남자와 여자라는 것 때문에, 그리고 내가 혼자 산다는 이유 때문에 사람들이 믿어 주지 않아서, 그 친구를 위해서 이름을 밝힐 수 없다는 것이 미안할 뿐이다.

우리는 마냥 바라보다가 손 마주잡고 서로에게 '고마워' 라는 말만 하고 돌아오는데도 행복함이 가슴 가득 차올라 밤하늘이 왜 그리도 파랗게 보이는지.

(2007. 2. 14)

벗

덕소 작은 마당 집에서 만난 게 언제였더라. 늦가을 어느 날 시인들 모인 자리에서, 건너편에서 나를 뚫어지게 바라보는 남자가 있었지. 속으로 '별놈 다 보겠네. 얼굴은 엄청 커갖고.' 하며 투덜댔다. 점심을 먹은 뒤 시낭송을 하고 주거니 받거니 술 한잔 먹을 때 내 옆으로 와서 하얀 봉투를 내미는 거였다. 행사에 참석해 달라며.

아, 이이가 작사가 박건호라는 사람이구나. 그렇지만 초대장 준다고 안 빠지고 가면 대한민국 행사 다 가야겠네. 당연히 안 갔지. 얼마 후 전화번호를 어떻게 알았는지 전화가 오고 집에서 가까운 호텔 커피숍에서 만나자기에 갔더니 유리창이 커다란 구석자리에서 가사인지 시인지 뭔가를 열심히 적고 있더군. 세 시간 정도를 혼자서 문학, 음악, 세상 사는 이야기 등을 열심히 하고, 난 마냥 듣기만 했지.

가끔 고개를 끄덕이며, 아마 이야기 잘 들어주는 예의 있는 사람으로 생각했던지 외롭거나 말이 고프면 전화가 오곤 했는데 대여섯 번 전화 오면 한 번 정도 아주 잠깐 만나 차 마시고 돌려보내곤 했었지. 머리 좋은 양반이라 어떻게 해야 자주 만날 수 있는지를 알아내었지. 일대 일로 만나는 걸 안 한다는 것을.

그렇잖은가. 나하고 아무 상관없고 알지도 못하는 사람들 이야기를 긴 시간, 일방통행으로 듣고 있는 건 수행이 아니라 고문에 가깝다. 그것도 몇 번이면 인격적으로 체면으로 참을 수 있지만.

이후 박 선생은 나 이외에도 몇 사람을 초대하고 내가 잘 먹는 명태코다리찜 식당으로 자주 불렀다. 사람들은 유명하다 하면 가만 있어도 대접해 주고 부추기는데 나는 박 선생 자체를 모른 체하는 데다 팩팩거리며 좀 쌀쌀맞다싶게 행동하는 것이 재밌어 그랬는지 몰랐다.

자주 만나다보니 어느 새 박 선생의 촌스럽지만 다정다감하고, 잘 삐치지만 아는 것 많고 순수한, 뭔가 하겠다고 하면 끝까지 하고야 마는 승부근성이 좋았다. 그렇게 미웠다 싫었다 하면서 친해졌다.

몇 명이서 여행모임을 만들었는데 안면도에 한 번 다녀온 후로 나가지 않았다. 사람을 좋아하고 잘 어울리면서도 피해의식을 갖고 상처를 받는 사람 또한 박건호 선생이다.

언제든 내가 부르면 밤낮을 안 가리고 어둔한 운전솜씨로 달려오는 사람이었다. 우리 수경이가 노래를 하고 싶다 했을 때도 신경써 주셨고, 내 첫 시낭송음반을 몇 개월 동안 총감독하며 음악을 선정하고 녹음을 해서 내준 분이기도 하다.

박 선생과 나와 같은 점이 있다면 길눈이 어둡다는 것이다. 갔던 길도 늘 헤매고, 그는 안전벨트를 매고 앞으로 바짝 다가앉아 온 몸이 경직된 채 운전을 한다. 한 번은 수경이랑 셋이서 노래도 부르고 맛있는 것도 먹자 해서 양수리 카페에 함께 갔었는데 밤눈이 어두운지 밤길이 어두운지 길을 못 찾아서 같은 길을 세 번이나 돌다 결국 이천에서 쌀밥을 먹고 돌아온 적이 있다. 내가 그렇기 때문에 충분히 이해하기 망정이었지, 길에서만 몇 시간을 헤매는 일은 유쾌할 리 없다.

눈이 엄청 많이 내린 아주 추운 겨울이었다. 집 근처로 한 시간 안에 도착하겠다는 분이 세 시간이 지나 도착했다. 너무 추워서 오면서 커피숍을 두 군데나 들러 차를 마시고 오느라 늦었다고 한다. 용서해달라며 웃고 있는데 어쩌랴. 어딜 가는 줄도 모르고 가기로 한 일행 두 명과 함께 무작정 떠났는데 밤바다를 보러간다는 거였다. 출발은 신나게 했지만 결국 얼마 가지를 못하고 노면이 미끄러워 되돌아와야 했다. 그래도 좋았다. 자유, 마음을 자유롭게 한다는 것.

또 한 번은 묵밥 이야기가 나와 그 즉시 차를 몰고 저녁묵밥을 먹으러 원주까지 다녀왔다. 강이 그리워 몇 명이서 양수리 강을 보러 갔던 일. 신사동 아귀찜 먹으러 차를 몰았는데 좌회전을 신속하게 하질 못해 장충동까지 가서 족발을 대신 먹었던 일. 투박하고 아둔한 손으로 족발을 싸 주는데 손톱에 잉크 들어간 것을 때 끼었다고 투덜대며 먹었던 일. 여럿이서 함께 인사동 길을 가는데 갑자기 박 선생이 보이질 않아 한참을 찾았더니 호떡 사려고 긴 줄 끝에 서 있었다.

무슨 일 때문이었는지, 한 번은 말다툼을 한 적이 있었다. 만나자는 걸 한사코 싫다 했더니 장소가 어디냐고 묻기에 설마 그 곳까지 오랴 하고 가르쳐줬는데 근처 커피숍에서 그 행사가 끝날 때까지 5시간을 기다리는 것이었다. 내가 강남에 다른 약속이 있어 그냥 와 버렸는데도 그는 몇 시간을 더 기다렸다. 왜 그렇게 미련하냐고, 왜 그렇게 집착이 강하냐고 나무라는 나에게 그저 미안하다고만 말하던 분이다. 그 이후로는 가끔 통화만 하고 어쩌다 공식석상에서 만나는 게 전부였다.

두 달 조금 더 넘은 것 같다. 전화를 하니 다리가 부러져 집에서 꼼짝 못하고 쉬고 있다면서 봄에는 걸을 수 있겠지, 뭐. 하는 특유의 웃음소리가 전화선을 타고 들려왔다. 몇 달 전 목발을 짚고 나를 만나러 와 커피 한 잔 마시고 30분 만에 헤어지고, 절룩거리는 발로 두 번을 더 만난 이후 예감이란 게 이상한지 철이 들어 그런지 내가 너무한 것 같아 문자를 보내고 통화를 한 거였는데 그는 편안한 목소리였다.

그리고 궁금해져서 다시 전화를 했는데 연결이 되지 않았다. 들리는 말로는 피를 토하며 다 죽어간다니, 설마 그럴 리가, 싶으면서 믿어지지 않았다. 작년에도 송파에서 출판기념회를 열고 내가 온 것이 제일 기쁘다며 맨먼저 소개해 주지 않았던가. 몸도 안 좋은데 이렇게 큰 행사를 뭐 하러 하느냐는 내 질문에 박 선생은 명쾌히 대답했다. 이런 게 내 생명을 연장시키는 일이라고.

2003년 어느 새벽에 몇 번의 전화벨이 울렸다. 새벽에 오는 전화가 거의 없거니와 와도 받지 않는데, 이상하게 받고 싶었으나 두 번씩이나, 받으면 끊어졌다.

이상한 예감이 들어 '말씀 하세요' 내 쪽에서 먼저 말했더니 낮고 굵은 목소리가 처절하게 들려왔다. 이제 몇 시간 후면 수술에 들어가는데 죽을 확률이 높다는 거였다. 너무 외롭고 무서운 생각이 들어 새벽에 여기저기 백통도 넘게 전화를 걸다가 자겠지, 미안해서 끊었으나 유일하게 나만 여보세요. 말씀하세요. 했다는 거다.

무슨 되지도 않은 방정스런 말씀을 하시느냐, 내가 장담하건대 박 선생 같은 분이 골골하면서 더 오래 살 테니 두고 보라고, 수술 끝나고 정신 차리면 나한테 전화나 하소! 하고 끊었더니 이틀 뒤에 나 살았어. 킥킥 거리며 전화를 해왔다. 얼마나 천진난만한가.

그랬던 분이 이제는 정말 영원히 떠났다. 이제는 묵밥을 먹으러 갈 수도 밤바다를 보러 갈 수도, 경주여행도, 인사동도 말다툼도 할 수 없게 되었다. 그가 지핀 모닥불은 싸늘하게 꺼졌다. 아직 한참을 더 살아도 될 나이 58세. 2007년 12월 9일 밤 11시 30분에 영원히 떠났다. 환하게 웃는 모습 뒤에 킥킥 웃음소리가 들리는 듯하다. 친하게 지냈던 계동균 선생은 섭섭하고 어이가 없는지 술에 취해 물기 젖은 눈이다. 둘이서 부둥켜안고 울었다. 계동균 선생과 합동작전으로 약 올렸던 일을 떠올리면서… 죽는다며 달리는 봉고차에서 갑자기 문 열고 뛰어내렸던 일을 이야기하면서. 잘해줄걸, 전화라도 더 자주 해줄걸. 따뜻하게 해 줄걸.

밤 9시에 찾은 영안실, 돌아오는 길은 박 선생의 흐느끼는 눈물같은 비가 내렸다. 지난 일들을 생각하니 더 그립고 후회스럽다. 그래도 이제는 아프지 않아도 됨을 위안 삼아야겠다. 신장병, 심장병, 당뇨병, 통풍… 종합병원이었던 박 선생, 푹 쉬소.

(2007. 12. 11)

　　　　장마에 접어들었지만 봄비처럼 내리는 비를 길에 서서 한참 바라본다.

내 안에 찌들고 때 묻은 것들도 저 비와 함께 씻겨 내려갔으면 하는 생각을 해본다. 사는 자체가 고통이라 잊고 사는 것도 잠시, 살다 보면 이 일 저 일로 힘들어하는 것도 생각을 할 수 있는 인간들의 몫이다.

비 오는 거리를 걷고 싶었다. 좋은 분들을 만나 따끈한 커피를 마시고 싶었다. 이십 년을 함께 온 이귀온 시인님, 허홍구 시인님께 전화를 드렸더니 마침 비님도 오시고, 보고 싶기도 하고, 점심도 먹고 차도 마시며 이바구 하자며 좋아라하신다.

전철을 타고 부슬부슬 비 내리는 동국대 사거리 약속한 식당에 들어서니 벌써 와 계신 허 선생님께서 하회탈처럼 웃으시며 손을 드신다. 참 맑다. 내 마음도 금세 밝아진다. 할머니가 만들어 주시는 울퉁불퉁한 손칼국수

면발과 거무스름한 들깨 국물이 고향 맛처럼 정겹다. 배고픈 어린아이처럼 맛나게 드시는 시인의 모습이 천진스럽다.

허 선생님께서는 지난달까지 회사를 다니다 정년퇴직하셨는데, 정직하게 사신 보답일까. 몇 군데서 사무실을 그냥 사용하라고 그러셨다 한다. 회사를 다니면서 강의를 하고 글을 쓰신 분이라 그런지 마음씀씀이, 생각 자체가 많이 다르시다. 앞으로 살아가면서 글 쓰시고, 여행하시고, 강의만 하신다고 한다. 두 군데 사무실을 번갈아 가며 글 쓰는 사무실, 강의하는 사무실을 정해 놓고 일을 하신다. 직장을 그만둔 다음 날부터 넥타이를 풀고 개량한복 두 벌 마련하셨다며 입신 한복과 사온 한복을 꺼내어 자랑이시다. 사무실에 흐르는 명상음악이 비 오는 풍경과 차분하게 잘 어울린다. 좋은 분들과 만나 행복한데 좋은 음악까지 나오니 더더욱 행복하다. 에어컨, 냉장고, 강의실, 컴퓨터 등 부족한 게 없다. 전기세 한 푼, 임대료 한 푼 안내고, 교통 편리한 곳에 두 군데나 사무실이 있으니, 얼마나 복 받은 분이신가. 내 주위에 그런 분이 있다는 자체가 내게도 큰 축복이다.

이제부터는 신나는 제2의 인생을 살아갈 때가 되었다고 말씀하시는 허 선생님 왈, 나이 60이면 돈 있는 사람이나 없는 사람이나 그 인생이 그 인생이라, 그 동안 가족들을 위해 열심히 일했으니 이제부터는 나를 위해 사는

삶이 되어야 한다는 지론이시다. 있는 돈으로 잘 쓰고, 행복하게 잘 살아
갈 줄 알아야 한다는 게 허 선생님의 인생 후반론이시다.

'좋다! 그렇지! 그래! 바로 이거야, 이렇게 사는 거야!'

너털웃음 웃으며 두 손바닥을 치는 이 선생님과 나는 저절로 행복해졌다.
때 절은 마음이 한 꺼풀 한 꺼풀 벗겨지는 듯 기분이 좋아졌다.'

강의 없는 7월엔 몽골로, 겨울엔 티벳과 인도를 여행할 거라며 어린아이처
럼 신나서 말씀하시는 허 선생님을 바라보면서 나와 이 선생님도 덩달아
흐뭇해했다. 세상에서 가장 빨리 전염되는 것이 불행과 행복이라 한다. 어
떻게 마음먹고 행동하며 실천하느냐에 따라 행복과 불행이 좌우된다는 것
을 누구나 뻔히 다 아는 사실이지만 행동하고 실천하기가 힘들다. 즐겁고
신나게 살아가시는 허 선생님을 보면서 즐거운 마음으로 돌아온 목요일
오후, 봄비마냥 포근함이 피부 속으로 파고든다. 밤엔 허 선생님이 주신
와인 한잔 마시며 창문으로 비 내리는 소리를 음악 삼아 행복해야겠다.

(2007. 6. 21)

안부

내가 살고 있는 집은 경부고속도로 옆이다. 20여년을 살았
는데 처음 이사 와서 한 달 정도는 잠을 이루지 못했다. 자동차들이 내 옆
에 바싹 붙어 지나가는 것처럼 느껴졌다. 잠을 자지 못해서 눈이 토끼눈처
럼 빨갰다. 세월이 약인지, 길들이기 나름인지 점점 괜찮아져서 이제는 전
혀 들리지 않는다. 오히려 조용한 새벽이 적적하게 느껴질 정도다. 몇 년
전에 방음벽을 해놓아서 먼지도 예전에 비하면 안 들어오고 창문을 열어
놓아도 시끄럽지 않다.

일터는 살고 있는 집과 늘 가까운 곳에 두어서 출퇴근이나 아이들 키우는
일, 살림하는 일 등 여러 모로 편하게 했다. 출퇴근에 시달리는 것이 싫어
서 좀 비싼 임대료를 내더라도 사는 동네를 벗어나 본 적이 없다.

출퇴근길에 엿가락처럼 기다란 아스팔트 골목을 걷다보면 고속도로 맞은
편 철조망 안에서는 새 생명들이 세상에 나오려고 난리들이다. 손톱보다

작은 파란 싹들이 아직은 차갑고 두터운 땅을 밀쳐내며 힘차게 나오는 것을 보면 그 강한 생명력이 무한히 감동스럽다. 또한 가을이 되면 제 생명을 다한 낙엽들이 아무 말 없이 순응하며 떨어지는 것을 보면서 자연과 인생의 법칙을 느끼게 된다.

삶의 법칙을 배우는 눈과 마음은 살아가면서 터득된다. 괴롭고 힘들 때 금방이라도 죽을 것만 같았던 아픔들도 시간 속에서 녹아 내려 나이만큼, 꼭 그만큼 마음이 넉넉해지니 말이다. 얼음장 밑에서 잔잔히 흐르는 강물처럼 그 어떤 것들도 녹여낼 수 있는 인내가 생긴다. 여리고도 작은 싹이지만 생명력이 어찌나 강한지 모진 겨울날들을 잘 견뎌내고 아직은 차갑기만 한 언 땅을 뚫고 올라오듯이, 봄은 콘크리트 밑바닥에도 때를 어기지 않고 찾아오고 있었다.

y가 먼 나라로 떠난 지도 2년이 되었다. 개나리가 몽우리 질 때 쯤 언제 돌아올지 모르는 날을 기약하며 우리는 말없이 한강을 이 끝에서 저 끝까지 걷고 또 걸었다. y의 얼굴에 노을이 물드는 것을 보면서 비로소 이별이 코앞에 왔음을 알게 되었다. 한국에서의 마지막 만남이라는 슬픔에 서로 아무 말도 못하고 하염없이 걷고 또 걸었다. 어둠이 내릴 때까지 함께 있다가 어둠 속으로 모습을 감추자던 y의 뜻은 번번이 어긋났다. 돌아서서 눈물을

글썽이다가 도저히 돌아설 수 없다는 y의 중얼거림에 강제로 차문을 열고 y를 밀어 넣었지. 네온사인이 하나 둘 켜지고 나는 y의 옆얼굴만 바라보았고, 앞만 무덤덤하게 바라보며 운전하던 y는 마지막 인사 같은 거 하지 말자며 고개만 약간 끄덕이고 떠났다. 그리고 2년이 흘렀고 또 봄이 되었다.

가을이 끝날 무렵 y 특유의 아주 짧은 안부 메일이 한 번 오고 또 아무 말 없이 봄은 왔다. 이대로 한국에 있다가는 죽을 것만 같아서 살기 위해 미지의 땅으로 떠난다던 y. 잘 살아내고 있겠지? 봄 오면 맨 처음 너의 안부를 묻고 싶어진다.

(2005. 3)

'보톡스' 카메라

'하리온 뮤직' 카페에서 정모를 했다. 지난달에는 내 시집 출판기념 겸, 녹음실 근처 삼겹살집에서 간단하게 모여 정담을 나누었는데 단양에서 제천에서, 안산에서 송탄에서, 그리고 서울에서 17명이 모였다. 얼굴 아는 회원도 있지만 온라인에서만 친숙해진 회원도 있었다. 신기한 일은, 만나보니 아주 오래 전부터 알고 지내는 사이처럼 편안하다는 것이었다. 정모를 하고나서부터는 친근감도 더해지고 카페 분위기가 훨씬 활발해졌고, 화면에서 닉네임만 발견해도 너무 반가워서 쪽지라도 보내려고 안달이다.

단양에서 정모를 갖자는 의견이 나와 11월 4일 단양으로 내려갔다. 단양에서 청소년에 관한 일을 하고 있는 공무원 장미숙 씨의 초대였다. 아침 일찍 출발하여 오후 1시가 조금 넘어 도착했다. 단양에는 공연 때문에 몇 번 갔었지만 마음 편하게 주위 풍경을 즐길 여유는 한 번도 갖지 못했었다.

장미숙 씨는 직책의 특성상 남들이 쉬는 휴일에 더 바삐 근무를 해야 한다. 그래서 제천에 사는 사진작가 안연준 씨가 안내를 맡았다. 국립공원은 단풍이 무르익을 대로 익어 우리는 가을의 정취를 듬뿍 느낄 수 있었다. 안연준 씨는 우리를 모델로 해서 정성을 다해 가을 풍광을 카메라에 담았다. 렌즈 하나만 해도 어찌나 무거운지 돌 지난 아기를 안고 있는 것 같았다. 안연준 씨는 마치 애인 다루듯 카메라를 안고 있어 보기 좋았지만 무거울 걸 생각하니 안쓰러웠다.

그 어떤 모델도 부럽지 않았고, 지나가는 사람들이 웃든 말든 기분이 무척 좋았다. 보통 사람인 우리가 언제 저렇게 좋은 카메라 앞에서 모델을 해볼 수 있겠는가. 그냥 지나쳐 버릴 2006년도 가을을 카메라와 함께 마음껏 누릴 수 있어 고마웠다.

청련암에 들러 녹차 한 잔 마시고 콘도로 돌아와 하얀 쌀밥에 삼겹살 얹어 저녁을 먹었다. 모두들 얼굴만 쳐다보아도 좋은지 마냥 웃기만 한다. 안연준 씨가 계속 찍어대는 카메라 앞에서는 폼 잡을 필요도 없었다. 몇 시간 동안 자연스런 모습이 가장 좋은 모델이라는 걸 터득했기 때문에 주름살 걱정마저도 잊었다.

시간 가는 것이 아까워 쉼 없이 얘기하고 웃으며 화기애애한 시간들을 보내고 있는데 안연준 씨가 명함크기만한 사진을 어느 샌가 뽑아 불쑥, 보여 준다. 제비새끼들처럼 몰려들어 사진을 보고 까르르 웃느라 행복한 모습들이다. 이대로 잠을 자기엔 억울하다며 노래방에 갔는데 노래방서도 연신 셔터를 눌러대는 안연준 씨.

명함사진을 기념으로 나눠 주는데 어찌나 예쁘고도 어리게(?) 나왔는지 모두들 감탄하고 감동했다.

"야아~ 이건 완전히 보톡스 카메라네!"

나도 모르게 나온 이 말 한 마디가 대박이었다. 모두들 박장대소.

얼굴 펴 주는 카메라도 있는데 사람들 심리까지 읽을 수 있는 카메라가 있다면 더 좋은 마음과 표정을 짓지 않을까. 사진은 찍는 사람은 찍어서 행복하고, 찍히는 사람들은 찍혀서 행복하니 인간이 가질 수 있는 놀이 중에서도 참 재미있는 놀이라는 생각을 했다.

초등학생처럼 일기가 쓰고 싶었다.

"오늘은 장미숙 님이 살고 있는 충북 단양에 왔다. 보고 싶은 사람들도 만나고 안연준 씨가 보톡스카메라로 사진도 찍어 주었다. 맛있는 삼겹살도 먹고, 노래방도 가고, 국립공원에 가서 가을도 만났다. 오늘은 정말 너무 재미있는 날이었다. 끝"

(2006. 11. 4)

달콤한 인생

가스총

　　　책상 위 한 귀퉁이에 얌전하게 놓여 있는 가스총을 보면 지금도 피식 웃음이 나온다. 95년도에 구입했으니 10년이 넘었다. 이 가스총도 나와 함께 나이를 먹었는데, 그 모습은 여전히 위엄 있다. 밤길이 무서워서가 아니라 단지 사람이 무서워서 구입한 것이다.

돈만 주면 아무나 살 수 있는 가스총인줄 알았더니, 병원 가서 정신병자인가, 색맹은 아닌가 등등의 건강 상태를 검사한 후 경찰서에 가서 신고를 하고 일련번호를 부여 받는 과정을 거치고서야 나의 소유물이 되었다.

가스총을 구입할 당시는 지푸라기라도 잡고 싶은 심정의, 내 생에서 가장 절박한 상태였다. 여러 집이 살고 있던 빌라가 쓰러지기 직전에 있어 재건축해야 하는 과정이 무척 복잡하게 꼬이고 있었다. 새 집이 완공될 때까지 일산으로 이사를 했고, 놀 형편이 되지 않아 논술 학원을 운영하고 있었다. 주민들에게 당연히 돌아갈 권리를 못된 건축주가 횡포를 부려 선량한 주민들에게 그들 잇속에 맞는 각서를 강제로 쓰게 하여 권리를 포기하게 했지만 나는 도저히 용납할 수 없었다. 나 혼자만이라도 원칙을 고수하면서 당연히 누려야 할 권리를 주장했더니, 그들은 상상했던 것 이상으로 훨씬 무섭게 위협해 왔다.

감당하기 무서워 여러 번 포기할까도 생각했지만 자존심이 도저히 허락하지 않았다. 권리를 짓밟힌다는 것은 죽는 거나 다름없다는 생각이 들어 힘들더라도 끝까지 싸우겠다는 다짐을 했다. 매일 협박전화에 시달려야 했다. 피를 말리는 것 같은 긴장상태가 매일 이어졌다. 잠을 잘 수도, 먹을 수도 없었다. 딸애들이 더 걱정되었다. 딸들에게 철저히 교육을 시키고도 안심이 안 되어 아이들이 돌아올 시간엔 전철역에 나가서 기다렸다 함께 돌아오는 일을 매일 두 번씩 했다.

경찰서에 보호요청을 하고도 무서워서 구입한 것이 가스총이다. 구입한 후부터 내가 입은 옷 속에는 항상 어깨끈이 달린 가스총이 옆구리에 바짝 긴장한 채 대기상태로 있었다.

그렇게 일 년 동안 가스총을 가슴에 품고 다녔다. 학원에 학생들이 올 시간에는 정장으로 갈아입고 일을 했지만, 학원이 끝난 뒤에는 정장 대신 작업복을, 구두 대신 운동화를, 머리에는 모자를 써서 나름대로 최대한 강해 보이는 차림으로 변신을 했다. 가스총을 가졌다고 한들 제대로 쏠 줄 모르면 허당이라는 말을 듣고, 매일 거울 앞에서 상대방 눈을 향해 쏘는 연습과, 내가 할 수 있는 가장 무서운 표정을 만들고 욕설까지 연습을 했다.

밤잠을 못자며 매일매일 머리카락이 곤두서는 긴장 상태에서 일 년 반이라는 시간을 그들과 대치한 결과는 헛되지 않았다. '하늘은 스스로 돕는 자를 돕는다.' 는 격언처럼 하늘은 선한자의 편이 되어 주었다. 많은 시간과 돈을 허비했고 건강을 해쳤지만, 나는 이겨냈다. 그런 용기가 어디서 나왔는지 모르지만 어쨌든 그런 소설 같은 일이 내게 일어났다. 죽을힘을 다해, 글씨가 종이를 뚫을 정도로 자료들을 읽고 또 읽으며 그들과 차분하게 싸워 나간 결과였다.

'정의는 반드시 이긴다!' 라는 글귀를 책상 앞에 써 붙여놓고 매일 아침 읽고 마음을 다지며 하루를 시작했었다. 지금 생각해보면 웃음이 나오는 일이지만 그 당시에는 이 글귀가 든든한 버팀목이 되어 주었다.

어쨌거나 그들에게, 세상에게, 나 스스로에게 '김군자' 는 세상 사는 일에 자신 있다고 자부할 용기가 생겼고, 호랑이 굴에 잡혀가도 정신만 차리면 살 수 있다는 식의 격언들을 믿게 되었다. 시를 쓰는 여자라 세상 물정 모를 거라는 업신여김이 오히려 용기를 불어넣어 준 셈이 되었다.

연극에서 여자 악당 역을 제대로 소화한 느낌이었다. 실제로도 극본을 쓰거나 연기하는 일에 큰 도움이 되었다. 어느 연극에 조폭 배역이 있었는데 그 역을 제대로 소화할 남자 배우가 없어 내가 시범을 보이다가 캐스팅되었던 웃지 못 할 일도 있었다.

이런 사람들이 세상에 존재한다는 사실이 한편으론 슬프지만 또 다른 한편으론 스릴도 느껴졌다. 내 인생에 두 번 다시 이런 일이 일어나지 않으리라는 보장이 없다는 생각에서, 매일 밤 그 날 일어난 사건의 내용과 자료들을 빠짐없이 쓰고 챙겨 두었다.

소송이 끝나고, 그것을 소재로 장편소설을 써서 모 교수의 소개로 출판사를 찾아갔는데, 실제로 벌어진 일이라 리얼하고 생동감이 넘쳐 좋은데 소설의 생명인 사랑이 빠졌다는 것이다. 소설은 논픽션이므로 사랑 이야기를 적절하게 넣어 다시 정리하면 훌륭한 작품이 되겠다고 하였다.

그 당시 내 마음은 한 치의 여유 없이 메말라 있어서 소설이 부정적인 단어로 가득 채워져 있었던 것이 사실이어서 푹 곰삭아 남의 이야기처럼 웃으며 받아들여질 때 출간하자는 생각으로 미루어 왔다. 10년이 넘는 시간 동안 곰삭았으므로 이제는 정리해서 낼 때도 된 것 같다.

생각해보면 내가 코미디 배우로구나 하는 생각이 든다. 아무리 상황이 어렵기로서니 가스총을 구입하고, 텅 빈 사무실에서 거울을 보며 온갖 무서운 표정을 연습해야 했던 자신이 비참하게도 느껴지다가 오히려 용기백배한 것에 대해서는 내 스스로에게 큰 박수를 보내고 싶다. 남들은 이런 상황을 들으면 재밌다고 웃겠지만 그 때의 나는 목숨을 걸고 전쟁터에 나가 싸우는 전사의 심정이었기 때문이다.

비싸게 구입한 가스총을 여태 한 번도 쓰지 않았지만 그 동안 나를 든든하게 지켜주었으니 그 값어치는 충분히 하고도 남았다.

남자도 평생 한 번 겪어보지 못할 일을 여자가 별 일 다 겪는구나 생각하면서 되돌아보니 문득 서정주 선생의 '국화 옆에서' 라는 詩가 생각난다. 누구에게나 주어진 길은 다 다르며, 나는 내게 주어진 길을 피하지 않고 정정당당하게 걸어 나갔다. 나만의 무대에서 멋지게 내 역을 소화해내며 살아왔으니 후회는 없다.

이 세상은 살아 볼만한 곳이다. 천국이 따로 있는 것이 아니다. 내가 지금 숨 쉬며 살고 있는 이곳이 바로 천국이며 현재 일어나고 있는 모든 것이 행복이다. 좋은 일이든 나쁜 일이든 추억으로 떠올리며 현재 살아 숨 쉬고 살아있다는 자체가 그저 고마울 뿐이다.

(2005)

거저 알려 드릴게요

전철을 타거나 길에 서서 관찰해 보면 사람들 표정이 한결 같이 굳어 있는 것을 보게 된다. 웃고 있는 얼굴을 찾아보기기 힘들 정도이다.

웃음으로 표정 근육이 잘 단련된 사람은 외국인 빼고는 더 찾기 힘들다. 우리 한국인이 얼마나 웃지 않으면 '웃음전도사' 란 직업이 생길 정도인가.

그냥 그저 웃으면 되는, 그렇게 쉬운 일을 '웃음전도사' 란 자격증을 따기 위해서 몇 개월씩 돈과 시간을 투자해서 공부를 해야 하고, 실습을 해야 하고, 그 자격증으로 취직을 하고 돈을 번다고 하니 그야말로 얼마나 웃기는 일이며 한편 서글픈 일인가.

잘 웃지 않는 원인은 경직된 마음에서 온다. 작은 일이건 큰일이건 무작정 웃다보면 웃음이 자연스러워지고, 자연스러워지면 마음도 편안해질 테고, 편안해지면 여유와 배려가 생겨 병이 치유될 텐데 말이다.

며칠 전, 어느 노스님의 설법을 들었다. 요즈음 사람들이 얼마나 웃지 않고 삭막한지에 대한 쉽고도 어려운 설법이었다. 그냥 웃으면 되는 일인데 왜 그렇게 웃는 게 어려운 세상이 되었는지 모를 일이라고 했다. 웃음이 만병통치라는 것은 누구나 다 아는 사실이다. 그래서 스님은,

"미소 짓는 그 얼굴이 참다운 공양이구요, 부드러운 말 한마디 미묘한 향이로다." 라는 말씀과 함께 월요일부터 일요일까지 '특별한' 웃는 날을 만들었다.

　월 : 월(원)래 웃는 날
　화 : 화가 나도 웃는 날
　수 : 수도 없이 웃고 도 웃는 날
　목 : 목 터지게 웃는 날
　금 : 금방 웃고 또 웃는 날
　토 : 토라져도 웃는 날
　일 : 일없이 웃는 날!!!

다행이다. 잘 웃는 내가 참 다행이다. 나이 먹어도 열여덟 살 때처럼 웃음보가 터지면 웃음을 그칠 줄 모르고 웃는 내가 스스로도 푼수 같다 싶다. 물론 화가 나 있을 때는 무척 무섭다는 말을 듣지만 일 년에 90%는 웃고 사는 편이다. 잘 웃다보니 눈 꼬리에 주름이 깊이 잡혀 수술로도 못 지울 정도가 되었다. 굳이 고치고 싶은 마음도 없지만 처음 만나는 사람들은 눈

꼬리에 주름이 많다고들 염려해 주곤 한다.

속상한 일이 있을 때 힘들어도 억지로 웃다보면 어느 사이엔가 자연스럽고 부드러운 웃음표정이 저절로 잡힌다. 그렇게 웃다보면 마음도 따라서 무척 편안해짐을 스스로 느낀다.

나이 먹어 '예쁘다, 멋지다, 날씬하다'는 말을 듣는 것보다는 '후덕해 보인다, 편안해 보인다'는 말을 듣는 게 잘 살아 온 거라고 한다. 웃는 표정에 따라 이런 말을 듣는다고 한다. 물론 살이 붙어서 오는 인상도 있겠지만, 웃다보면 잔잔한 행복도 생기고, 잠도 잘 오게 되고, 모든 것에 감사하는 여유도 생기고, 여유가 생기다보면 덩달아 살도 붙는다. 불과 몇 년 전만 해도 날씬하다 못해 비쩍 말랐었다.

지나치게 고민을 많이 하다보면 잠도 못자고, 식사도 못하게 되고, 그러다보면 기운도 없어지고, 그런 악순환이 계속되다 보면 병 같지도 않은 병이 생겨 세상만사 귀찮아져서 마침내 살기 싫어진다. 모든 걱정이 소심한 마음에서 시작되고, 그 마음의 발로는 욕심이다. 욕심을 버리기 시작하면 몸도 마음도 무척 건강해진다는 사실을 스스로 체험하게 되었다.

행복할 수 있는 마음을 거저 알려 드릴게요.

푼수소리 듣더라도 마음을 비우고, 푼수처럼 웃어 보세요!

그리 쓸쓸하지만은 않았던 날

　　　　밤늦은 시간, 시청 앞에서 열리는 행사에 시낭송을 하기로 되어 있었다. 오늘 따라 방문한 손님이 많아 정신없이 하루를 보냈다. 은행에 갈 시간도 없어 가방을 든 채 행사장으로 갔다. 지갑 속엔 달랑 만 원짜리 한 장과 동전 몇 닢, 버스카드밖에 없었다. 현금카드 있고, 버스카드도 있으니 무슨 일 있으면 카드를 사용하리라 생각하고 별 걱정 없이 출발했다. 그날따라 행사장에서 모금하는 시간이 있었다.

시낭송을 하기 위해 맨 앞줄에 앉아 있던 내 앞에도 어김없이 모금함이 왔지만 넣을 돈이 없었다. 조금 후에는 홍보책자가 왔는데 그것마저 살 수가 없었다. 만원을 주면서 지금 내 사정이 이러이러하니 잔돈을 거슬러 달라고 할 수도 없고, 책을 살 수도 없었다. 난감하고 부끄러웠다. 그 날따라 나 혼자 초대되어 시낭송을 하였다. 늦은 시간인 데다 행사 끝나는 시간에는 현금카드지급기도 정지될 시간이다. 편의점도 눈에 띄지 않았다. 무대에 올라가면 주위에 있던 사람들이나 모금하던 사람들이 날 기억할 수 있을 텐데, 생각 하니 난감했다. 내 처지도 모르고 그러면 어떡하나 하는 생각이 들었다. '저 사람 생긴 건 멀쩡한데 무지 짜다'고 흉보면 어떡하나?
행사가 끝나 걸어오는데 뒤가 켕기고 찜찜했다.
'어쩌겠어? 하는 수 없지…'
이렇게 스스로 위안을 하며 전철을 탔는데 장애우 한 사람이 손수건을 팔고 있었다. 말을 할 수 없는 장애우는 머리를 연신 숙이는 것으로 하고 싶은 말을 대신하였다. 손수건 한 장에 이천 원이었다. 식사할 시간도 없어서 굶었더니 눈이 퀭하니 들어가고 기운이 하나도 없었다. 집으로 가기 위해서는 고속터미널 역에서 내려 버스로 갈아타야 하기 때문에 분식집에 들어가 김밥이라도 사먹어야겠다고 생각하며 빨리 도착하기만을 기다리고 있었다. 몸이 불편한 장애우한테 손수건 하나 사면서 번거롭게 잔돈 바꿔달라고 할 수도 없고 다 주면 안 되고… 난감했다. 에라, 오늘은 모른 척 해버려야겠다, 그렇게 생각하며 무릎 위에 얹혀진 손수건을 되돌려 주면서 '미안해요. 잔돈이 없네요' 했더니 사지 않은 나한테도 장애우 총각은 웃으며 꾸벅 인사를 하였다. 가끔 전철이나 버스를 타거나 사무실로 오는 장애우한테는 필요치 않은 물건이라도 팔아 주었었다. 그런데도 그 날만은 팔아 줄 수도 없었고 내게 있는 만원을 줄 수도 없었다. 당장 나는 배가 너무 고팠다. 이런 걸 두고 날 시험한다는 생각이 들었다. 어떤 처지를 당하면 제 살 길 먼저 찾게 되는구나. 내 자식이 배고프다면 내가 굶고서라도 자식 배를 채워 줄 텐데… 망설이다 결국 내 허기를 채우기 위해 외면해야 하는 내 마음을 보았다.

문득 후배 연극배우가 떠올랐다. 결혼도 했고 남편 사업도 꽤 잘되어 부유한 생활을 하고 있는 그녀는 성격도 무척 활달하고 사람들을 만나도 식사값을 잘 내었다. 몇 년 전이었는데 그녀가 궁금하기도 하고 보고 싶어서 몇 차례 전화를 해서 만나자고 했으나 다음으로 미루곤 했다. 무척 바쁘거나, 아님 내가 뭘 잘못했나 하는 생각도 잠시 했지만 바쁜 나날로 나도 잊어버리고 일 년쯤 지난 어느 날, 대학로에서 우연히 그녀를 만나게 되어 그간의 생활을 들을 수 있었다. 그녀의 초췌하고 마른 모습대로 남편 사업은 부도가 나고, 돈 꾸러 나갈 차비마저 없었다고 했다. 지금은 정리를 하고 친정집으로 들어가 당분간 살고 있다고 했다. 오죽했을까. 누구보다도 자존심 강한 그녀가 사람들 만나는 것은 고사하고라도 자신과 남편과 아이들을 추스르려 무척 힘들었을 것을 생각하면서 가슴이 아팠던 기억이 났다.

나 역시 이런 일이 어디 이번이 처음인가. 살다보면 이런 일, 저런 일 겪으며 사는 게 인생이 아니던가. 어쨌든 만원의 고비를 여러 번 넘긴 그 날이 그리 쓸쓸하지만은 않았다.

내가 앓고 있는 병 한 가지

일 년이나 이년에 한 번씩 책 정리를 한다. 웬만해선 책을 버리지 않는다. 월간지는 월간지대로 시집은 시집대로 수필집은 수필집대로 분류를 하고, 내게 꼭 필요한 책은 빼놓고 야학이나 책을 구할 수 없는 섬, 지하철 등에 기증한다. 더 많은 기증이 필요하면 아는 출판사나 주위 문인들에게 도움을 받아 1,500권 내지 2,500권 가량 모아 보낸다. 글 쓰는 일은 피를 짜내는 일이다. 귀중한 시간과 귀한 돈을 투자해서 만들어진 책인 것을 알기에 허투루 버리지 않게 된다.

올해는 아름다운 가게에 2,300권 기증하였다. 월간지와 계간지, 잡지 등은 비 맞지 않도록 출입구에 잘 정리해 놓아두면 필요한 사람들이 가져가거나 폐품으로 가져가기도 한다.

가끔은 우리 집에 오는 사람들이 글 쓰는 사람 집에 책이 왜 이렇게 없냐고 할 정도로 책이 그다지 많지 않다. 보물처럼 아끼는 책은 늘 곁에 분신처럼 둔다. 여러 번 읽어서 알록달록 여러 개의 줄이 그어져 있다. 언제 읽어도 가슴에 와 닿는 문장들의 보고이다.

나의 스승이신 윤대성 교수도 연구실이나 집에 가보면 다른 교수에 비해 책이 많지 않은 편이다. 다 읽은 책은 필요한 제자들에게 선물을 하거나 학교에 기증을 하거나, 아니면 전철에 슬며시 놓고 내린다 한다. 책 선물 받고 싶은 학생들은 열심히 발표를 하거나 교수님께 잘 보이려 안달이다. 나도 여러 권의 책을 교수님께 선물 받아 읽었고, 읽고 나서는 빌려 주고 기증하고, 간직한 책도 있다.

갈수록 시력이 나빠지고, 교통사고 후유증으로 어깨가 많이 아파 오랫동안 책을 읽지 못했다. 요즈음은 인터넷 활용을 많이 하지만 책이 주는 깊이는 따라갈 수 없다. 책을 구입하거나 선물을 받으면 책 첫 면지에 항상 그 날 느낌이나 각오 같은 아무 글이나 적어 둔다. 책을 갖게 된 날짜와 선물 준 사람의 이름과 내 연락처, 사인 등을 기록하기도 한다.

내게 필요한 책이거나 귀한 책일수록 잊어버렸을 때를 대비해서, '이 책을 주우신 분은 꼭 제게 돌려주세요. 제게는 소중한 자료입니다. 맛있는 밥과 커피도 대접하겠습니다.' 라 써놓은 것을 보고 결벽증세라며 놀리는 사람도 있다.

이 문구의 효력이 나타난 적이 있었다. 늦은 나이에 학교를 다닐 때였다.

경제적으로 몹시 쪼들렸지만 편하게 리포트를 쓰려고 다른 것은 안 사도 무조건 책을 사던 때였다. 화장실이 급해 잠깐 자리를 비운 사이 책상 위에 있어야 할 책이 감쪽같이 없어졌다. 비싼 책이어서 무척이나 속이 상했다. 무엇보다도 책 안에 중요한 메모를 많이 해놓은 것이 아까웠다. 그런데 며칠 후 그 책이 얌전하게 내 자리로 돌아 와 있었다. 분명 돈이 없거나 아까워 책을 못 산 학생이 가져갔다가 면지에 써놓은 간절한 문구가 마음에 걸려서 도로 가지고 온 모양이었다. 그 후로 나는 책을 구입하는 즉시 잊지 않고 더 정성스럽게 간절한 문구를 적어 넣는다.

내게 남겨진 분신 같은 책들을 펼칠 때 마다 위의 문구가 간절히 씌어 있는 걸 보면 사랑스럽고 감회가 새롭다. 책이 귀중하기도 하거니와 이 문구에 정이 들어서 죽을 때까지 나와 함께 있어야 하는 존재가 된다. 웬만하면 책과 영화는 빌려 보지 않고 구입하는 편이며 그런 돈은 아깝지 않다. 온전히 내 것이 되어야 시간에 쫓기지 않고 꼼꼼하게 여러 번 읽을 수 읽고, 필요할 땐 다시 꺼내어 활용할 수 있어서이다.

잠 못 드는 길고 깊은 겨울밤이나 나른한 봄밤에는 더 제격이다. 책들의 간지만 읽어도 그 날의 내가 무슨 생각을 하고 있었는지 생생하게 떠오른다. 삼매경에 빠져 밤을 지새웠어도 하나도 피곤하지 않고 오히려 행복해지고 여러 날 동안 힘이 솟는다.

늘 함께 일하는 안 선생은 읽은 책을 왜 자꾸 읽느냐고 그런다. 그러면 얼른 대답한다.

"제가 치매 증상이 심해서 자꾸 잊어버려서요."

책뿐만이 아니라 꼭 공부해야 할 연극이나 영화도 여러 번 보는 습관이 있다. 특히 연극은 서너 번 본다. 처음에는 그냥 보고, 두 번째는 대사를 듣고, 세 번째는 배우들의 몸짓이나 동선, 조명 등을 관찰하고 네 번째는 재미로 관람한다. 영화도 마찬가지이다.

나는 그렇게 하는 것이 재밌고 즐겁다. 그래야 완전히 내 것이 된 것 같다. 이게 병은 아니겠지 하면서도 앓는 것을 즐긴다. 그래서 그 병을 앓고자 한다.

때를 알면 아름답다

자연은 어쩌면 그리도 때를 잘 나타내는지 모르겠다.

봄이면 봄을 알리는 개나리, 벚꽃, 목련 등이 한바탕 흐드러지게 피었다 지고, 나무 밑둥에서 물이 차올라 잎이 무성해지면 여름이 되었다는 신호이고, 나뭇잎이 갈색으로 물들어 제 할 일 다 했다는 표시로 미련 없이 훌훌 떠나면 어느 날 앙상한 감나무에 까치밥 하나 달랑 걸려 있는 가을이 온다.

하얀 서리가 내리고 추위가 뼛속을 파고드는 겨울이 오면 사람들은 두터운 옷들로 몸을 감싸고 불빛 아래 옹기종기 모여 몸과 마음을 녹인다. 그러다가 어느 사이엔가 두터운 땅을 비집고 올라오는 파란 새싹들의 순환을 바라보며 자연의 섭리, 우주의 순리를 느끼게 된다.

우주의 순리는 삶의 진리이다. 자연의 법칙은 모든 사람에게 공평하다. 그럼에도 불구하고 사람들의 불평불만은 늘어만 간다. 세상 모든 만물에게 숨 쉴 수 있는 자유를 주었고, 공기를 마실 수 있는 자유를 주었고, 시간을 허락해 주었고, 누구에게나 평등하게 젊음을 주었는데 늙음을 한탄한다. 남들은 부유한데 나는 왜 이리 가난하게 살아야 할까 불평하는 사람은 행복할 자격이 없다.

본인 스스로가 게으르고 지혜롭지 못한 탓인데 신이나 조상과 남 탓만 하는 사람 역시 마음으로나 경제적으로나 부자 될 자격이 없다. 나무처럼 혹은 자연처럼 순리를 안다면 그저 감사한 마음만 생길 텐데 말이다.

말만 그럴듯하게 하면서 전혀 노력을 안 하는 사람, 꿈만 꾸고 부자 되길 원하는 사람은 자기 모습에 대한 성찰이 없다. 누구에게나 부여된 권리를 유야무야 놓치고 한탄만 하는 일은 책임 없는 욕심이다.

가끔 사무실에 놀러오는 사람이 있는데, 말솜씨가 일사천리다. 사업계획을 들어보면 금방이라도 일확천금을 손에 쥘 수 있을 것만 같다. 뜬구름만 잡는다. 노력은 안 하면서 돈 없는 게 남의 탓이라고만 한다. 죽기 전에 왕창 돈 벌어 실컷 쓰고 죽어야 덜 억울할 텐데, 라는 말을 되풀이한다. 돈 없으니 사람대접 못 받는 이 세상, 대통령 잘 못 뽑아 그렇다는 말을 수없이 한다. 안 듣고 싶지만 그래도 편안하다고 가끔 오는 손님인데 가라오라 할 수 없어서 마주하고 있으면 머리에 쥐가 나고 지끈지끈 아프다. 일요일면 교회에 나가고, 평일에는 가까운 절에도 간다고 한다. 그렇게 백수생활로 시간을 버리지 말고 일을 하면 되지 않는가. 보는 사람도 답답하다.

기도한다고 해서 종교가 돈벼락을 내려주지는 않는다. 마음을 수양하는 일이 먼저이고, 지혜를 배우고 그 지혜를 잘 활용하는 행동을 배우는 것을 종교를 통해서 해야 한다. 좀 더 사람 되기 위해 신앙이 존재한다. 사치하지 않고 겸손하고 근면하며, 각자에게 주어진 달란트대로 열심히 일하고 열심히 기도한다면 왜 복이 오지 않겠는가. 오지 말라고 해도 올 것이다. 신세한탄만 하고 있기보다는 자기를 돌아볼 수 있는 명상을 하는 일이 더 바람직하다. 주어진 젊음과 경제적인 복을 무책임하게 다 써버리고 남의 탓만 하는 사람에게 복이 올리는 만무하다.

어느 날 그 사람이 내게 물었다.

"하리 씨. 난 말이죠. 요즘 갈수록 억울해 죽겠어요."

"뭐가요?"

"나이 먹고 돈 못 버니까, 자식 놈들도 실컷 키워놨더니 애비 알길 우습게 알고 억울해 못 살겠어요"

"젊은 시절엔 그래도 잘 사셨잖아요? 그리고 좋은 집도 있고 건강하시잖아요?"

"그게 다 무슨 소용 있나요? 지금 당장 죽겠는데… 차도 없지, 골프도 칠

수 없지. 에휴, 누가 나한테 십억만 주면 좋겠수. 하리 선생이 돈 많이 버는
방법 알면 알려 주.”

“글쎄요. 제가 뭘 아나요? 저한테는 나무들이 대답을 해주던데요.”

“허어, 나무가요? 역시 시인이라 그런지 대답 하나 멋지우. 뭐라고 그러는
지 나도 한번 들어보면 안 되겠수?”

“네, 저한테는 늘 그러더군요. ‘하리야, 사는 일은 때를 알면 된다.’ 라고 그
러던데요?”

많을수록 좋은 것

사람들이 내 직업을 물으면 '시인'이라고 당당하게 대답한다. 그러면 시 쓰는 사람은 돈과 무관하게 산다고 생각하기 때문인지 아직까지는 세상 사람들한테 조금은 대접을 받는다. 내가 데뷔하던 80년대 후반은 시인이 일 천 명이 조금 넘었지만 지금은 꽤 많이 늘었다. 예전처럼 굶어가며 시 쓰는 시인이 몇 명이나 될까? 그만큼 세상 살기가 좀 여유로워지지 않았나 한다.

예전 시인들은 배가 많이 고팠다고 한다. 정신을 집중해서 글 쓰는 데만 신경을 쏟아야 했고, 원고료로 생활을 하기에는 무척 힘들지만 좋은 글을 쓰기 위해서는 모든 것을 포기했기에 가난할 수밖에 없었다. 80년대 후반만 해도 내가 아는 시인 중에도 여러 모로 어려운 형편 때문에 돌아가신 시인이 있다. 그러나 지금은 어느 시인이 굶어 죽었다는 말을 들어 본 적이 없다. 시대적 변화와 함께 그만큼 지혜로워졌다고 생각하면 마음이 좀 편하다.

그렇지만 아직까지도 시인은 경제적으로 취약하고 부자 시인이 많지 않다. 간혹 여류시인 중에는 남편이 돈을 잘 벌어서 좋은 차 몰고 골프도 치러 다니는 이도 있다. 시도 잘 쓰고 경제적인 능력도 있으면 금상첨화 아니겠는가?

어쨌든 시인들의 경제가 좀 나아진 것은 좋은 현상이다. 가끔 모임에서 이런 저런 대화를 하다가 문학이야기가 나오면 조심스럽게, 명작이 별로 없다는 말을 듣는다. 읽고 나면 스낵처럼 맛있고 달콤하기는 한데 가슴에 오랫동안 남아 다시금 생각하게 하는 글을 발견할 수 없노라고 한다. 그러면서 위로하는 말인지, 어지러운 세상에 머리 복잡하지 않아서 좋다고 하기도 한다.

나를 비롯해서 모든 작가들이 각성해야 할 일이다. 시인은 누구보다도 공부를 많이 해야 한다. 사색하고, 최선을 다해 습작하면 언젠가는 많은 사람과 공감대를 형성하는 글을 쓸 수 있을 것이다. 이심전심이라는 말이 있다. 좋은 글은 읽는 사람들 가슴에 절로 전달된다. 마음을 치유해 주는 쉼터이며, 행복한 꿈을 꾸게도 하는 희망이기도 하다. 글을 통해서 힘을 얻고 꿈을 이루는 사람들의 인생 지침서가 되기 때문에 글은 책임감을 갖고 써야 한다.

모든 예술은 작가 내면의 드러냄이다. 예술 하는 사람들 마음에는 악함이 없다. 특히 시인의 마음은 투명하다. 공부도 제대로 안한 사람들이 이상한 문예지로 배출되어 공해를 만든다고 일부 평론가들이 비난의 화살을 쏘아 대기도 하지만, 준비가 되어 있거나 많이 공부하고 많이 습작한 사람은 자격이 있다고 생각한다. 시인들이 이런 각오로 임해서 사람들 가슴 속에 오래 남는 시를 쓰기를 바라는 마음이다.

도시는 밤이 되면 네온사인으로 한층 화려하고 아름답다. 네온사인의 절반 이상이 술집이고, 교회 철탑도 만만치 않게 한몫을 한다. 그만큼 교회가 많다는 증거이다. 절이라고 해서 굳이 산속에만 있으라는 법은 없다. 요즘은 불교도 산 속에 있어야만 한다는 통념을 깨고 도시 속으로 내려와 포교를 하고 있다. 불교나 기독교나 모두 사람들을 좋은 말씀으로 인도하고 있다.

좋고 아름다운 것일수록 세상 사람들과 더불어 나누어야 한다. 예수님, 부처님, 성인들이 모두 그렇게 하셨기에 오늘날 사람들이 그 말씀대로 살려고 노력하고 존경하여 종교가 되었다. 간혹 모범이 되어야 할 종교계에서 눈살 찌푸리게 하는 일도 벌어지지만 어쨌거나 종교의 힘은 지대하다. 세상의 어두움과 밝음을 구분하게 해주는 역할을 하며, 밝음으로 인도하려 애쓰는 곳 아닌가.

특정 종교를 두둔함 없이 우리가 인정하고 있는 종교에서는 나쁜 것을 가르치지 않는다. 알게 모르게 사람들에게 보이지 않는 큰 힘을 주고 있다는 긍정적인 생각을 하고 있다. 그래서 나는 직업을 가지고 글을 쓰는 사람이 많았으면 좋겠고, 교회와 절이 많으면 좋겠다. 어차피 안 되는 것과 될 수 없는 것, 그리고 안 가는 사람, 가는 사람은 구분이 되고 또한 나쁜 것은 도태될 수밖에 없다는 믿음이 있기 때문이다. 선하고 아름다운 교회, 절, 좋은 생각을 하게 해주는 시, 수필, 그림 등은 밝고 아름다운 세상을 만들어주기에 많을수록 좋은 거 아닐까.

말끝마다 붙어 다니는 금액

사람들 대화하는 걸 듣거나 토크쇼를 볼 때 신경 곤두세우며 체크하는 것이 있다. '~같애요.'를 말끝 마다 붙이는 것인데 적당히 갖다 붙여 얼버무리는 부정적인 느낌을 받았다. 나도 모르는 사이에 저 사람은 몇 번 사용하고, 저 사람은 몇 번 사용하고 체크하는 못된 버릇이 생겼다. 말로 전하는 직업을 가진 아나운서라는 사람들이 가장 잘 체크하고 잘 사용해야 하는데도 불구하고 마구잡이로 쓰는 것을 보면 짜증이 난다. 그래서 TV를 켰다가 그 아나운서가 나오면 채널을 돌려 버리게 된다. 확실치 않고 불분명한 말은 사용하기 전에 수정하는 습관을 가지는 것이 중요하다. 그런 말을 사용한 아나운서만을 탓하고 있을 수만은 없다.

명색이 글을 쓴다는 나 역시 조심스럽게 잘 사용하고 있다고 생각했는데 어느 날, 고향 선배인 서희건설 부회장 김엽 씨가 조심스럽게 내게 조언을 했다. 옛날과는 달리 씩씩하고 명랑쾌활하고 활기차서 참 좋다, 라고 마음상하지 않게 칭찬을 해준 다음, 굳이 조언할 것이 있다면, 으로 시작한 말을 듣고 보니 어찌나 고마운지 몰랐다.

무심코 하는 대화중에 말끝마다, '이건 얼마짜리인데 얼마에, 거의 공짜나 다름없는 얼마에 구입했노라' 는 말을 자주 사용한다는 것이다. 금액을 굳이 말하지 않아도 되는 거니 고치면 훨씬 좋겠다는 말을 듣고 가만 생각해 보니 정말 그랬었다. 한 가지만 알았지 두 가지는 몰랐던 것이다. 이런 걸 두고 '똥 묻은 개가 겨 묻은 개 나무란다.' 는 건가.

신경을 쓰고 있어도 나도 모르게 그 말이 또 나올 때가 있다. 그러고 나서 가만히 주위 사람들 말하는 것을 들으면 다들 그런다. 특히 여자들이 심했다. 세상 모든 여자들이 살림을 하다보니 자연스럽게 배어 나온 말이지만 굳이 사용하지 않아도 될 불필요한 단어를 강조하고 있는 것이었다. 얼마나 사는 게 궁색했으면, 얼마나 절약하며 살려고 그랬으면 하는 측은지심도 생기지만 궁색해 보였다.

가격에 상관없이 물질에 당당한 나이길 바라는 선배님 말씀이 고마웠다. 덕분에 나는 당당해졌다. 그러기에 사람은 죽을 때까지 배워야 한다고 했던가.

못해, 못해, 해

서울예대 다닐 때 잠시 동안 별명이 '못해, 못해, 해.' 였다. 내 성격이 무엇을 할 때는 하는 것 한 가지만 집중적으로 파고드는 형이다. 머리가 별로 좋지 못한 이유도 있지만 그래야 집중을 할 수 있기 때문이다. 밥을 먹을 때는 밥만 집중해서 먹어야 맛있게 먹을 수 있고, 책을 읽을 때는 책만 읽고, 음악을 들을 때는 음악만 들어야 제대로 느낀다. 주위가 시끄러운 건 개의치 않는다. 내가 생각해도 나는 참 단순한 사람이다.

뒤늦게 다시 학교를 세 군데 다녔다. 서울예대 2년, 2학년으로 편입해서 수도침례신학교 3년, 한양대교육원 2년, 총 7년을 다녔다. 남들은 차라리 대학원을 가서 제대로 된 학위를 받지 그러냐고도 했지만 학위보다는 하고 싶은 공부를 다 섭렵해 보고 싶은 욕심이 있었다. 과잉욕심이라는 걸 모르지 않았지만 딱히 내가 해보고 싶은 것이 없다는 게 이유이기도 했다. 열심히만 하면 돈 안 들고 학교 졸업도 할 수 있으니 이거야말로 일석이조가 아닌가. 다행히 내 의도대로 되어 주었다.

아무리 맛있는 음식인들 이렇게 맛있을 수 있을까 싶을 정도로 난생 처음 가장 재밌고, 미지의 세상에 사는 것처럼 하루하루가 그렇게 즐거울 수가 없었다. 하이힐 신고 옷 제대로 입고 멋 부릴 시간에 일분일초라도 책 한 번 더 읽고 학점을 따기 위해 시간을 아꼈다. 매일 운동화에 바지차림이었다. 일요일이나 휴일은 물론 밤낮으로 희곡 쓰는 일에만 관심을 갖고 연극을 보거나 대본을 읽으며 세상 모든 것들을 연극에 관한 공부로의 연결통로로 삼았다. 연극연습을 할 때는 어린 학생들과 똑같이 학교에서 밤새워 대본 연습을 했다. 노숙자처럼 땅에 신문지를 깔고 함께 밥을 먹고, 강의실 귀퉁이에서 새우잠을 잤다. 여름은 물론 겨울도 봄가을도 마찬가지였다. 행복하고 보람된 나날들이었다.

내가 여태껏 살아오면서 어떤 일에 이토록 희열을 느낀 적이 있었던가. 아이를 낳아 엄마가 되는 희열과는 또 다른 느낌이었다. 그 때는 내가 너무 어린 나이였다. 나이 들어 인생을 조금 알 때 시작한 것이라 그런지 몇 년의 시간들이 그렇게 알뜰하게 소중할 수가 없었다. 죽을 만큼 열심히 몇 가지 일을 할 동안 번데기처럼 몇 번의 허물을 벗었다. 매일 이벤트와 같은 시간들을 보냈다. 세상에는 공짜가 없다는 말을 세월이 지날수록 새록새록 느낀다. 아무리 생각해도 용기 있는 자만이 원하는 것을 이룰 수 있다.

학교에 가려고 마음먹은 건 큰 딸 선주가 모두 잊어보라고 데려간 것이 계기가 되었다. 하루하루 살아가는 자체가 지긋지긋하고 귀찮아서 죽고만 싶었던 때라 잊어 보려고, 잃어버리려고 미치려고 찾아간 곳이기에 가시적인 것들은 필요하지 않았다. 하나님이 도대체 있기나 할까 원망을 수도 없이 했었다. 너무나 마음과 몸이 아파서 세상 모든 것들이 싫고 징그러웠다. 집안으로만 달팽이처럼 자꾸 숨어들었다.

누구에게나 아픔이 있겠지만 그 때의 내 아픔은 죽음 같았다. 그래서 미친 듯이 공부에 매달렸다. 아무 것도 생각하지 않았다. OT, 체육대회나 여러 행사에 단 한 번도 빠지지 않았다. 기왕 시작한 일이니까 죽기 아니면 살기로 하겠다는 굳은 각오로 임했다. 내 성격상 그렇게 해야지 직성이 풀리기도 했다.

OT를 갔을 때였다. 각 조를 나누어 발표회를 갖는 행사였다. 협찬으로 각종 술들이 상품으로 걸렸다. 어차피 놀러 간 거라 놀 땐 마음껏 놀아야 하고, 학생들에겐 술이 필요했다. 술을 타려고 난리법석이었다. 내가 속한 조 학생들은 상품을 나더러 타달라고 매달리며 애교를 부렸다. 나라면 탈 수 있을 거라 장담들을 했다.

"내가 어떻게 해? 나이도 너희들보다 많은데 에이, 난 못해, 못해!"

"다른 사람은 몰라도 언닌(누나) 할 수 있어요. 제발요. 저희들 술 고파요."

간절한 애교에 하는 수 없이 내 장기인 용기와 푼수로 '못해, 못해, 해!' 로 결정하였다. 장기 자랑이었는데, 무대에 나가 가수처럼 멋지게 노래를 부르며 표정이나 몸짓도 완벽하리만치 잘해내야 하는 거였다. 노래는 엄정화의 '초대' 를 선택했다. 양쪽에서 남자 여자 백댄서들이 코러스를 하고 춤을 추며 나오면 엄정화 역인 나는 멋지게 춤을 추며 노래를 해야 하는데, 극작과니까 아무래도 극적인 요소가 있어야 점수를 딸 수 있었다. 비디오를 빌려다 보고, 노래를 수없이 들었다. 립싱크에 가까워도 완벽하리만치 해내어야 한다. 옷매무새도 그럴듯하게 갖췄다. 짝퉁이지만 에선 연극배우처럼 엄정화와 비슷한 모양새를 갖췄다.

무대에 나가기 전 리허설을 하려고 학생들 앞에 나갔더니 모두들 우와! 까악! 넘어갔다. 상상을 초월했다나. 못한다고 하더니 언니, 이게 뭐예요 하면서 완전 대박 났다며 하기도 전에 술 마실 일에 신이 나 있었다. 연습한 대로 무대로 나가니 교수님들도 관객들도 난리가 아니었다. 예상했던 대로 당당히 1등을 해서 많은 술을 상품으로 타 우리 조 학생들을 즐겁게 해준적이 있었다.

나는 무엇이든지 했다 하면 나이 생각 않고 적극적으로 해서 그런지 그 때부터 서서히 '푼수' 라는 별명 하나가 더 붙기 시작했다. 다행이었다. 푼수 앞에 '귀여운' 이 붙어서. 약간의 푼수는 인생을 즐겁게 해준다는 사실도

깨달았다.

극작과는 연극, 시나리오, 드라마를 공부한다. 2학년이 되면 희곡을 쓸 것인가 영화나 드라마를 선택해서 집중적으로 대본을 쓸 것인가를 결정하고 공부하게 된다. 대본을 쓰는 건 당연하고, 무대 조명, 공간, 연출, 각색, 소품 만들기 등등 가릴 것 없이 직접 해야 하며 배우역할까지 완벽하게 해내어야 한다.

신학교 3년은 하나님을 만나기 위한 목적이 첫 번째였고, 두 번째는 기회가 주어진다면, 아니 하나님 뜻이라면 아이들과 해외 선교사로 가고 싶다는 희망때문이었다. 아마 내가 신학을 공부하지 않고 평범하게 교회를 열심히 다녔더라면 내 성격상 열성적으로 다니는 집사가 되어 있을 것이다. 그러기에 내가 바로 방탕아라는 생각을 해본다.

어쨌거나 살아갈수록 내 안에 잠재해 있는 끼가 많다는 것을 알게 된다. 시골에서 자라 아무 것도 모르고 지냈으나 넓은 세상에서는 내가 할 일이, 하고 싶은 일들이 무진장 많다는 것을 알았다. 다행이다. 먼저 용기를 배운 것에 대해서. 어쩌면 용기도 내 안에 본디 잠재해 있었는지도 모른다. 좋게 표현하면 당당함이요, 다른 표현을 빌자면 무데뽀겠다. 처음엔 체면상 살짝 거절했다가 호기심으로 결국은 해내고야 마는 나를 보고 사람들이 붙여 준 별명은 '못해, 못해, 해.' 이다.

나는 극작가 중에 독일 극작가인 '브레히트' 작품을 특히 좋아한다. 브레히트는 시인이기도한데 한국사람 정서에 맞게 쓰여 있어 정감이 많이 간다. 브레히트의 작품 중에서도 가장 좋아하는 작품은 '사천의 선한 여인'이다. 브레히트처럼 살아 보려 한다. 용기와 당당함을 가진 자만이 얻고자 하는 것을 얻을 수 있다는 소중함을 늦은 학교를 다니면서 얻을 수 있었다.

무슨 생각으로 사냐구?

사람들은 그런다. 날더러 숨 쉬는 시간은 있냐고. 밤에 잠은 자냐고. 김하리는 아마 잠자는 시간에도 갓 잡아 올린 생선처럼 팔팔 뛰며 잘 거라고 말들을 한다.

오래 전엔 별명이 007인 적도 있었다. 유치원을 갖기 전에 빨간 소형차를 몰고 유치원 음악학원을 운영했다. 학원 운영하랴, 글 쓰랴, 아이 둘 키우랴, 살림하랴, 하루 시간을 쪼개어 바쁘게 다니는 나를 보고 동네 사람들이 내게 붙여준 별명이다. 간혹 어떤 사람들은 사주팔자에 역마살이 있어서 그렇게 사는 거라 한다.

지금은 건강을 위해 여유를 부리기도 하지만 아직은 시간을 아껴가며 살고 있다. 무엇인가 안 하고 있으면 허전해서 밥 먹기도 잠자기도 미안한 생각이 들기 때문이다. 그래서인지 혼자 있는 시간이 그다지 외롭거나 무료하지 않다.

요즈음은 건강을 생각해서 무모하게 일에 덤비지 않는다. 밤새워 글을 쓴다거나 책을 읽는 일, 미처 다하지 못한 일들을 밤늦도록 하지도 않는다. 정확하게 오전 10시면 사무실에 출근하고, 퇴근시간은 상황에 따라 다르다.

출근해서 먼저 인터넷 열고, 커피포트에 물을 끓여 뜨거운 커피 한 잔을 마시며 감미로운 음악이나 명상음악을 듣는다. 카페가족들한테 인사와 댓글을 남기고, '김기옥' 법사님이 선물로 준 향을 피운다. 향 하나가 다 태워지는 시간은 보통 40분 정도이다. 그 시간 동안 내 주위의 사랑하는 사람들을 그들이 오늘 하루도 무탈하게 잘 보내기를 기원하는 마음으로 한 사람한 사람 떠올려 본다.

오전에는 책을 읽거나 원고 수정 작업을 하고, 점심 식사 후에는 7년만에 다시 시작한 골프와 헬스를 하러 간다. 사무실로 돌아오면 약속된 사람들을 만나고, 저녁식사 약속이 있으면 식사를 하거나 없는 날에는 7시쯤 귀가해서 샤워하고, 딱히 보는 채널은 없지만 돌리다가 재밌겠다 싶으면 TV를 보거나 인터넷을 하다가 일찍 잠자리에 든다. 이제는 방바닥에 누워 있어도 10분 이내로 잠이 든다. 지방으로 행사 다닐 때는 꼬박 밤을 하얗게 새우기도 했었는데 말이다.

쉬는 날에는 밑반찬을 만들고 대청소를 한다. 특별히 나갈 일 없으면 신발도 안 신는다. 며칠 쉬는 명절날에는 집에서 한 발자국도 나가지 않는다. 매일 출근하기 전에 국이나 찌개를 끓이고 밥을 해서 먹고 나온다. 나이가 들수록 다람쥐 쳇바퀴 돌듯 똑같은 일상이지만 지겨운 줄 모르고 혼자서 잘 놀며 즐길 줄 아는 것이 그저 감사하다.

나름대로 열심히 살았던 지나 온 시간들에게도 후회는 없다. 그렇다고 외롭거나 쓸쓸한 날 없이 매양 바쁘게 살아 온 건 아니지만 바쁘게 살았던 시간들에 비하여 비율이 좀 적을 뿐이다. 외로움을 글을 쓰는 것으로 메웠으니 결국엔 그 시간들도 내 것이 된 셈이다. 어느 땐 가슴 안으로 외로움이 비집고 들어오면 금방이라도 와르르 무너져 버릴 것 같지만 의도적으로 남자처럼 씩씩하게 행동하며 방어했다. 누구보다도 나의 두 딸이 정신적 지주가 되어 주었다.

창문으로 환하게 쏟아지는 햇빛 아래 내 얼굴을 거울에 비춰보면 소스라치게 놀랍고 슬플 때도 있다. 원치 않는 '잡티 손님'이 예고 없이 와 자릴 잡고 있는 것을 발견하면 허탈하다. 바쁘다는 핑계로 얼굴에 잡티가 이렇게 생기도록 돌보지 않았나, 후회가 된다. 머리카락은 희어지지 않은 것이 참 신기하다. 나이 들면 누구에게나 찾아오는 손님 −거무스름한 기미와 웃을 때 한 치 거짓 없이 잡히는 눈가 주름살이 나이를 셈해 주고 있다.

화장대 놓인 마사지크림 통을 열어 본다. 이상한 냄새가 난다. 버리면서 나 자신에게 너무 무심했다는 생각이 들었다. 화장품이 썩을 동안 아이들은 쑤욱 자라나 있었고 시집 숫자는 늘어났지만 명색이 여잔데 겁도 없이 햇볕 아래 맨 얼굴로 씩씩하게 다녔는지 한심한 생각이 들었다.

하루도 빠짐없이 꼭 했던 화장은 있다. 마스카라 칠하는 일이었다. 지금도 변함없다. 다른 화장은 안 해도 마스카라를 칠하지 않으면 이상해서 외출할 땐 꼭 한다. 강한 겉모습과는 달리 유달리 눈물을 잘 흘리는 편이어서 마스카라를 칠하고 눈물 흘리면 보기 흉한 얼굴이 된다는 걸 알기 때문에 울지 않으려는 방편이다.

내게 장점이 있다면 지나온 날을 돌이켜 후회하지 않는다는 점이다. 과거는 별로 중요하지 않다. 내일이라는 미래가 있고, 지나간 잘못된 일은 고치면 된다는 생각이다. 현재가 가장 중요하고, 앞으로의 시간이 중요할 뿐이다. 젊음을 그리워한다 해서 젊음은 되오지 않듯이 지나간 일은 후회해도 소용이 없다는 걸 알면 현재 사는 것에 비루한 생각이 들거나 지루하지 않다.

사람은 늘 느끼고 후회하고 반성하고 실수하고 노력하는 과정을 반복하며 살아가도록 되어 있다. 죽지 않고 살아있는 이상 살아낼 수 있는 방법은 모두 동원해서 적극적으로 살아가는 마음가짐이 중요하다.

인간은 동물과 달리 가슴속에 사랑이 머물러 있어야 생기 있게 살아갈 수 있다. 사랑은 달콤함과 절망이 함께 오지만 절망이 무서워 사랑을 포기하는 일은 인생 자체를 포기하는 것과 같다. 매일 새로운 시작으로 사랑을 꿈꾸라. 사랑이 온다는 생각으로 사랑을 포기하지 말고 살아가야 한다.

(2002. 1)

부적과 꿈꾸기

절에는 자주 가지 않았지만 친정어머니는 불자였다. 경북에 있는 부석사와 희방사, 대구 팔공산 등지에 있는 절에 다니셨는데 나는 그런 어머니를 바라보는 일이 참 좋았다. 어머니는 나비 같았다. 나는 어머니가 자랑스러웠다. 사람들은 어머니를 보살님이라 불렀는데 내가 봐도 늘 단정한 모습이나 마음 씀씀이가 불심 깊은 보살님이었다.

고등학교 시절 어느 봄날이었다. 학교에서 돌아와 교복을 걸어두려고 장롱을 여니 붉은 지렁이들이 꿈틀거리는 것 같은 부적이 붙어 있었다. 안방문 위에도, 대문 위에도 몇 군데나 붙어 있었다. 그 동안 봐 온 신사임당 같았던 어머니가 이상한 행동을 하는 것이 못마땅해서 부적을 몰래 떼어 버렸다.

나중에 부적이 없어진 걸 안 어머니가 누구 짓이냐 추궁하며 처음으로 집안에 큰 소리가 났지만 나와 같은 생각이던 아버지 호통으로 무마가 되었다. 나중에 안 일이지만 그 때 우리 집에 안 좋은 일들이 연거푸 일어났었나 보았다. 그래서 간절히 기도하는 마음으로 어머니는 부적을 붙이셨다.

내가 아이 둘의 엄마가 되어 친정에 갔을 때 낯선 붉은 부적이 집안 몇 군데 붙어 있었지만 그 때는 떼지 않았다. 어렴풋하게나마 어머니의 심정이 조금은 이해가 갔기 때문이다. 그래도 부적을 바라볼 때마다 부적이 가지는 순기능을 이해하기보다는 어머니 행동이 못 마땅하기만 했었는데, 세월이 갈수록 종교가 달라도 이해할 수 있었던 건 여자로서, 아내로서, 엄마로서 가족을 위하는 마음은 같다는 걸 알았기 때문이다.

아버지, 어머니 두 분은 15년 정도 더 사실 연세에 일찍 돌아가셨다. 마치 두 분의 남은 세월을 내 몫으로 남겨주시려는 것처럼.

나는 거의 10년이 넘는 시간 동안을 어둡고 무겁게 보냈다. 무척 쓸쓸하고 슬프고 외로웠다. 흠뻑 젖은 신문뭉치들이 양 어깨를 사정없이 짓누르는 것 같아서 죽고 싶었던 적도 있었다. 그러면서 인생의 쓴맛을 알게 되고, 나이가 먹어 가고 철이 들었다 싶기도 하지만 크고 작은 우여곡절들을 겪을 땐 지푸라기라도 잡고 싶은 심정이 된다.

어느 날엔가 내 집에 붙어 있는 붉은 부적을 바라보면서 쓸쓸히 웃는다. 다행히 우리 딸들은 부적을 떼어내지 않는다. 내가 그 때의 어머니 나이가 되고, 같은 여자 심정으로 어머니 나이에서 홀로 이겨내야 하는 것들을 알았을 때 내 곁엔 아무도 없었다. 결국 혼자 이리저리 몸부림치며 이겨내는 일밖에 별 도리가 없다는 것을 알고 다시 한 번 어머니 자리가 위대함을 느낀다. 어머니 도리를 다해 낸다는 것은 삶에 있어서 가장 큰 일을 해내는 것임을 알았다.

혹여 부적에라도 실낱 같은 기대를 걸어 보는 것은 그다지 무모한 일도 나쁜 일도, 무식한 일도 아니다. 새해가 되면 일 년 내내 집안에 좋은 일만 생기라고 붙여두는 입춘부와 무엇이 다른가.

신에게 점지된 특별한 사람이 써주는 부적에는 기(氣)가 들어가서 영험이 있다고 한다. 종이 한 장이 주는 가치가 얼마나 클까마는 잠깐이라도 어지러운 마음을 위로 받으려는 것이라면 나쁠 것 없다.

부적을 사서 집에 붙이고 어떤 소원이 이뤄지기를 바라는 것이 어리석은 줄은 안다. 어머니 살아생전 그런 일을 무척 못마땅하게 여긴 딸이 어머니의 나이가 되어 기원하는 마음으로 부적을 사고 정성껏 풀을 바르고 벽에 붙이고 있으니, 우습다.

돌아가신 어머니에게 하는 말인지 나 자신에게 하는 말인지 분명하지 않지만 부적을 붙이는 것은 '오죽하면' 이라는 말을 되풀이하면서 스스로를 위로하며 가슴 한 구석에 꿈을 심고 있는 것일지도 모른다는 생각이 든다.

빨간 우체통

82년 혹은 83년 편지쓰기 대회가 처음 열렸었다. 얼떨결에 응모해서 입선을 했다. 메달은 서랍에 보관해두고 상금으로 동네 아줌마들에게 자장면을 샀던 기억이 난다. 그 때는 컴퓨터가 없었기 때문에 원고를 손으로 직접 써서 보냈다.

편지 쓰기를 유난히 좋아해서 거의 매일 두 통 이상을 주위 사람들한테 보내곤 했었다. 편지 쓰다 날이 훤하게 밝아오는 날도 많았다. 무슨 쓸 말이 그리도 많았던지⋯ 어느 땐 20~30장이 넘어가기도 했다. 글쓰기를 좋아해서 일기든 낙서든 시든 시간만 나면 써댔다. 특히 편지는 쓰는 동안 상대방을 생각할 수 있어서 행복감이 배가되었다.

하얀 종이에 까만 글씨가 바느질되듯 박히는 것을 보는 것도 재미있고, 유난히 외로움을 많이 탔던 나 자신을 스스로 다독거리는 계기도 되었다. 그리고 거의 매일 답장이 오다보니 집배원 아저씨와도 친해져서 보내는 편지까지 배달해 주었다. 일주일 내내 우리 집을 방문했다고 해도 과언이 아니었다.

어느 날, 편지도 없는데 집배원 아저씨가 급히 와서는 다짜고짜 대상이 누구든 좋으니까 편지 한 통만 써놓으라는 거였다. 오늘이 편지쓰기 대회 마감 날이고 한 시간 정도 밖에 시간이 없다고 했다. 편지를 돌리다 생각해보니까 유난히 편지를 많이 쓰는 분이니까 분명 잘 쓸 거라 싶었다는 말도 덧붙였다. 황당한 일이었다.

한 시간 동안 무슨 내용을 쓴담. 집배원님의 일방적인 생각이긴 했지만 성의가 고마워서 아이를 업은 채 방바닥에 엎드려 두 장의 편지를 썼다. 친정 어머니께 드리는 편지였다. 그 동안 매일 습작한 결과였는지 기대는커녕 얼떨결에 응모한 것이 입선이 되었다.

학교 다닐 때는 누구나 문학소녀가 된다. 상을 많이 탔었고, 그 상들이 에너지가 되어 나를 글쟁이로 만들지 않았나 싶다. 노력 없이 저절로 이루어지는 것은 없다. 자랄 때 어른들 자주 하시던 '이 세상엔 공짜가 없는 법'이라는 말이 살아갈수록 실감난다. 편지든 일기든 닥치는 대로 썼던 많은 습작이 오늘의 내게 시인이라는 호칭을 부여했다는 생각이 든다.

시를 처음 접한 건 초등학교 5학년 때였는데, 서울에서 우리 학교로 부임

한 조두희 담임선생님으로부터였다. 문예반을 만들어 아이들을 남원천 개울가로 데리고 가서 동시를 짓게 하고, 잘 된 시는 모두에게 읽어 주며 칭찬을 아끼지 않았다. 더 귀여움을 받으려고 열심히 동시를 짓다가 시인이 되겠다는 꿈을 키웠고, 시인이라 불러 주는 호칭에도 익숙해진 지가 20년이 다 되어간다. 아이러니컬한 일은, 조두희 선생님은 나보다 늦게 문단에 데뷔했다.

두 권의 시집이 나오고 선생님이 교감선생님으로 재직하는 서울 학교로 스승의 날 찾아뵈었더니 교무실에 데리고 가셔서 내 제자가 시인이 되어서 스승의 날에 잊지 않고 찾아 주었다고 자랑했다. 지금은 정년퇴직하시고 경기도 어디에선가 농사를 지으신다는 소식만 몇 년 전에 접했다.

내 스스로에게 약속한 것이 있다. 이름 석 자 유명해지려고 시를 쓰지는 말 것, 먼저 시인의 마음으로 살 것, 자만하지 말고 늘 공부하는 자세로 책을 많이 읽을 것, 자신만의 색깔로 시를 쓰려고 노력할 것 등이다.

또한 부모님이 물려 주신 목소리가 조금은 괜찮다는 자부심으로 시낭송을 많이 하고 있으며 시낭송 음반도 열 장 넘게 냈다. 경상도 억양은 그대로 두어 사람냄새 나는 분위기를 살리고자했다. 간혹 아는 성우들이 표준어로 해주겠다는 제안을 심심찮게 해오지만 내 시를 가장 잘 이해하는 내가 내 목소리로 낭송할 때 진심이 전달된다고 믿기 때문에 내 스타일로 자신감 있게 하고 있다.

시낭송에 나름대로 자신이 있다고 생각한다면 자기 시는 시인 자신이 낭송하는 것이 가장 좋다는 말을 하고 싶다. 사투리로 낭송하면 어떤가? 방언시를 한다는 자부심도 키워야 한다는 생각이다.

지금도 편지 쓰는 일은 일상이 되어 외로울 때도 기쁠 때도 편지를 쓴다. 둘째 딸 수경이가 지방에서 학교를 다닐 때 5년 동안 방학 빼고는 거의 하루도 거르지 않고 편지를 보냈다. 멀리 있어도 한 집에 사는 것처럼 끊임없는 대화를 하고 있었던 것이다. 사랑하는 마음이 더 돈독해졌음은 물론, 사춘기를 잘 넘기는 데도 큰 도움이 되었다.

방학에 집에 올 때는 내가 보낸 편지나 엽서를 한 장도 빠짐없이 챙겨온다. 졸업을 하고 서울로 짐을 옮길 때도 수경이가 가장 먼저 편지부터 챙기는 것을 보았다. 수경이에게는 편지가 가장 소중한 것이 되었나 보다. 백 번의 말보다 한 장의 진실한 글이 더 큰 힘을 가지고 있음을 절실히 느꼈다. 수경이를 좋은 변화로 잘 이끌어 간 것도 보이지 않게 편지 사랑의 힘이었다고 해도 과언이 아니다. 그래서 특강을 가거나 강의를 하게 되면 나는 편지의 사랑과 힘을 항상 강조한다.

어머니가 살아계실 때도 엽서나 편지를 일주일에 2~3통은 꼭 보냈다. 어머니는 집배원 아저씨 오는 시간만 목 빠지게 기다리시게 되고, 집배원 모습이 그렇게나 반가웠다고 했다. 편지가 딸 보는 것 다름없이 기쁘다고 했다.

지금은 수경이도 함께 살고 있고, 편지 받으실 부모님도 돌아가시고 없다. 주위 사람들은 편지 받는 건 좋은데 답장할 일이 부담스럽다고 한다. 한 동안 편지 보낼 곳이 없어서 많이 우울했다. 편지가 쓰고 싶어서 주소도 없고 우표도 붙이지 않은 수많은 편지를 써서 공책 갈피에 끼워 놓았다.

가끔은 한 집에 살고 있는 딸들한테 우표를 붙여 편지를 보내기도 한다. 우편함에서 편지를 가지고 들어오면서 '아이~ 뭐야~~' 하면서도 생긋 웃는 딸들의 얼굴 표정은 행복해 보인다. 그래서 생각한 것이, 답장 보낼 생각도 말라는 부탁과 함께 메아리편지나 엽서를 보낸다.

그러다가 다행히 가물에 콩 나듯이 편지를 쓰고 보내는 친구가 생겼다. 경주에서 작업을 하는 서예가 정현식이라는 친구이다. 서예가답게 한지에 먹물 입힌 붓으로 어찌나 정갈하게 써서 보내는지 한 장도 버리지 않고 잘 보관하고 있다. 답장 받을 편지는 없어도 받아 주는 사람이 있다는 게 좋아서 목마름을 풀어내고 있다는 사실이 고맙다. 편지를 쓰면 그들과 정이 들고 좋아하는 마음이 든다. 상대방의 장점만 생각하며 모습을 그리다 보면 그들이 좋아진다.

디지털 문명이 극도로 발달해서 컴퓨터나 핸드폰 등 기계 안부에 익숙해져 가지만 나는 펜으로 쓰는 일이 참 좋다. 만년필도 펜촉 느낌이 나는 것이 좋다..

내가 어릴 때부터 생각하는 우체국은 꿈을 길어다 주는 곳이었다. 빨간 우체통은 기쁨이자 환희였다. 편지 쓰는 과정을 즐기고 편지를 쓰면서 사랑을 키워 갔다. 편지는 저절로 아름다운 시어가 된다. 충만한 삶이 된다. 사람냄새가 그립거나 외로우면 편지를 쓰면 된다.

지금은 편지를 써서 가방 속에 며칠을 가지고 다니느라 구겨진 편지를 보낼 때가 많다. 빨간 우체통을 보기가 여간 어려운 게 아니기 때문이다. 2년 전 사무실을 옮길 때 가장 반가웠던 것도 우체국 분점이 가까이 있다는 점이었다. 편지나 소포 보낼 일이 생기면 신이 난다. 우체국에서는 매월 수십 장의 엽서를 사는 나 때문에 몇 년 만에 다시 엽서를 주문한다고 한다. 빨간 우체통과 우체국이 사라지는 그 날까지, 내가 죽는 그 날까지 우표딱지가 붙은 하얀 편지와 엽서를 들고 혹은 누런 소포봉투를 들고, 우체국을 향해 빨간 우체통을 향해 발걸음을 옮기는 일을 하고 있을 것이다. 가슴에 편지를 안고 가는 동안 나는 너무 행복하므로.

카네이션 한 송이

어머니가 살아계실 땐 매일 밤 전화를 드렸었다.

내가 살고 있는 아파트 바로 옆에 공중전화 부스가 있었는데 어머니와 교감하는 유일한 안식처였다. 어머니 돌아가시고 나자 어머니가 이 세상에 더 이상 존재하지 않는다는 사실보다는 오랫동안의 습관이 어느 날 뚝 끊어져 버렸다는 사실이 더 충격이었다.

어머니와 전화하던 시간이 가까워지면 몽유병환자처럼 공중전화기 앞에 가서 동전을 넣고 다이얼을 돌리고 있었다. 다른 사람이 받거나 어머니 목소리가 더 이상 들리지 않는다는 것을 아는 순간 어린아이처럼 '엄마'를 부르고 있었다.

어머니 목소리가 이 세상에 존재하지 않는다는 절망감과 허탈감은 시간이 지날수록 나를 영락없이 미친 여자의 모습으로 바꾸어 놓았다. 접착제로 붙여 놓은 듯 한 발짝도 움직이지 않고 수화기를 잡고 누가 보든 말든 그

자리에 주저앉아 흐느껴 울었다. 도저히 견딜 수가 없었다. 그 집에서 이사하기까지 8~9개월을 그런 행동에서 벗어나지 못했고, 어머니에 대한 그리움에 사무쳐서 몸과 마음이 야위어 갔다.

돌아가신 지 15년이 다 되었지만 어머니를 생각하면 아직도 가슴이 메어와 숨이 멎을 것 같다. 그립고 보고 싶어서 가슴이 절절이 아려 온다. 특히 어버이날이 되면 그 슬픔은 내 가슴에 깊은 강을 만든다.

늘 단정하고 말수가 적었으며, 무척 부지런하고 남에게 늘 베푸는 삶을 살았다. 매일 하얀 버선을 신었는데 버선 밑바닥이 늘 하얀 것이 신기해서 어머니 버선 밑바닥을 들여다보곤 했었다.

하나뿐인 딸집에 왔다가 돌아가던 어머니 뒷모습을 잊을 수가 없다. 가슴에 사진처럼 인화되어 있는, 그 모습만 떠올리면 눈물이 나온다. 멀거니 서 있는 나를 걸으면서 수도 없이 되돌아보던 그 눈에 눈물이 그렁그렁 달려 있었다. 그 때 내가 본 어머니 눈빛은 짙은 회색빛이었다. 왜 그렇게 보였는지 지금도 알 수 없다.

자식을 낳고 키우며 어머니가 되어보니 조금은 알 것 같다. 그러나 내 어머니가 나를 생각하는 사랑과 아픔만큼은 아닐 것이다. 얼마나 가슴이 찢어지도록 아프셨을까.

애지중지 키운 딸이 남편 따라 간 곳이 군부대가 있는 시골이었다. 기차 타고 버스를 몇 번이나 갈아타고 논두렁, 밭두렁을 지나 인가마저 그리 많지 않은 동네의 비가 줄줄 새는 초가집이었다. 게다가 20대 초반 나이의 어린 딸이 저 같은 아이를 낳아 기르며 새카맣게 변한 시골 아낙네 모습으로 어설프게 살림하는 꼴을 보고 가슴이 왜 아프지 않았겠는가.

그 때는 어렴풋이 느꼈을 뿐이었다. 사랑하는 남자와 함께 사는데 깡촌이면 어떻고 새카맣게 얼굴이 타면 어떤가 해서 멀거니 서있었다. 눈물이 그렁그렁 달려 있어서 어머니 눈이 회색빛으로 보이나보다 했다.

그런데 어머니 나이가 되고 보니 조금은 알 것 같다. 자식을 위해서라면 무조건 희생했던 어머니 사랑이 이제야 새록새록 생각이 나니, 이런 불효막심한 일이 어디 있단 말인가.

그리운 어머니, 아. 나의 어머니…

오늘 당신 가슴에 드리는 카네이션 한 송이 하늘나라에 부칩니다.

하리네 장승부부

　　　'95년도 조각가 이가락 선생이 내게 장승부부상을 선물했다. 이 선생은 우리나라 문화를 소중히 여기는 분이며, 작품의 재료로는 주로 나무를 쓴다. 장승에 특별한 관심을 갖고 있어서 장승으로 우리나라를 외국에 많이 알리고 있다.

우리나라 정부 각처, 중요한 장소에도 이 선생의 장승작품이 전시되어 있다. 보통의 장승과는 확연히 달라 금방 구분할 수 있다. 일본, 프랑스 등에서 이 선생 작품을 극찬한 신문기사를 많이 보았다.

예부터 장승은 나쁜 액을 막아 준다고 하여 마을 입구에 우뚝 서 있는 것을 많이 볼 수 있다. 대부분 무서운 표정으로 되어 있는데, 이 선생 작품은 볼수록 정이 가고 웃음을 자아내며 은근히 눈물까지 나는 무척 해학적인 모습이다.

그것들을 만든 이 선생의 모습처럼 한두 개의 이빨이 빠져 있거나, 뻐드렁니를 가졌고, 혹은 눈을 찡그리고 함박웃음을 짓고 포옹을 하고 키스하는 등 매우 다양하다. 이 선생의 장승은 우리나라에서보다 오히려 외국에 더 많이 알려져 있다. 외국 사람들은 장승을 무척 신기해하고 좋아한다.

장승이 효자노릇도 많이 한다. 이 선생이 외국 나갈 때는 가는 비행기 삯과 약간의 돈만 가지면 필요한 돈은 현지 조달한다. 그리고 조각칼과 가죽 끈을 꼭 챙겨간다. 세계 어느 곳이나 나무 없는 곳은 없다. 나무를 주워 아무 데나 앉아 목걸이를 조각하고 있으면 사람들이 몰려오고 만들기 무섭게 사간다고 한다.

'95년 프랑스에서 이 선생의 장승작품이 초대전시를 하게 되었을 때 팸플릿과 엽서에 들어 갈 글과 시를 써드렸더니 귀국 후에 꺽다리 장승 부부를 선물해 주었다. 장승부부를 바라보고 있으면 그 표정이 어찌나 재밌는지 절로 웃음이 나온다. 순진하고, 다소 멍청한 표정이다. 이빨이 몇 개 빠진 어린아이 같은 남장승은 보름달처럼 환하게 웃고 있고, 여장승은 순박하니 생겼다. 나랑 닮은꼴의 뻐드렁니여서 나인 듯 정감이 간다.

장승을 들여놓은 후에 웃지 못 할 일이 생겼었다. 우리 집이 부잔 줄 알고 밤손님이 방문했다가 혼비백산 열쇠만 망가뜨리고 달아났던 것이다.

며칠 간 집 비울 일이 있었는데 맡길 데가 없어서 강아지도 데리고 갔다.

가져갈 것은 없어도 일단 밤손님의 방문은 불쾌한 일이다. 혹시나 하는 마음과 장난기도 발동하여 대문을 열자마자 마주볼 수 있게끔 입구에 놓았다. 밤손님이 오면 놀라서 나자빠져라 중얼거리며, 정말로 자빠지는 상상을 하면서 혼자 킥킥거렸다. 딸들은 그런 나를 보면서 정말 웃긴다는 표정을 하면서도 도와주었다.

그런데 실제 그 일이 일어났으니 얼마나 재밌었겠는가. 우리 집을 한 번이라도 방문했던 사람은 '장승 있는 집'이라고 하면 "아~ 그 집!"한다. 이사 갈 때도 사람들의 시선을 끈다. 장승 보고 웃고, 큰딸이 기타를 치는 덕에 7~8대나 되는 기타도 장승 못지않게 시선을 고정시킨다.

장승도 답답할 것 같아서 바깥구경 하라고 베란다에 세워놓았다. 유리창을 통해 봄 오는 것도 미리 보고, 겨울엔 눈 오는 것도, 바람 부는 것도, 여름이면 울창한 나무숲을 바라보고, 간혹 골목에서 싸우는 소리도 듣고, 경부고속도로의 쌩쌩 달리는 자동차들의 행렬도 보고 간혹, 보고 싶지 않겠지만 자동차 사고도 보고… 어쨌거나 밤낮으로 세상 돌아가는 것을 다 누리고 사니 얼마나 좋으냐고 가끔 물어보기도 한다.

늘 웃고 있는 장승부부가 부럽다. 다행이다. 그래도 짝이 있어 함께 하니 외롭지 않을 테고, 그렇게 변치 않는 짝을 만나게 해주었으니 틀림없이 나는 복 받을 거야. ㅋㅋ.

한 때, 나도

불행은 한꺼번에 온다고 했던가. 15년 전, 교통사고를 당한 데다 하고 싶지 않은 두 건의 소송을 어쩔 수 없이 해야 하는 상황이 있었다. 믿고 의지할 데가 없던 나는 지푸라기라도 잡고 싶은 심정으로 그저 '하늘은 스스로 돕는 자를 돕는다.'는 말을 믿고 믿었다. 억지로라도 긍정적이고 굳건한 마음을 가지고 일을 해야겠다는 다짐이었을 것이다. 그리고 나는 진실했고 모든 것을 진심으로 대했기 때문이었다.

결론적으로 승소를 했고, 정말 하늘이 존재한다는 내 진심이 틀리지 않았음을 알았다. 그러나 기쁨도 잠시, 2년 여 동안 소송을 끌면서 몸과 마음이 지칠 대로 지쳐서인지 모든 것을 포기하고 싶을 정도로 우울했다.

교통사고 후유증으로 몸 상태도 말이 아니었지만 견디기 힘든 것은 정신이었다. 사람들이, 세상이 무서워졌다. 누구를 믿고 살아야 할지 막막했고, 두렵고 외로웠다. 어떤 일을 하고 어떤 생각을 해야 몸과 마음이 치유가 될는지 알 수가 없었다.

내가 유일하게 할 수 있는 일이란 글을 쓰는 것이었다. 글을 쓰면서 꿈과 희망을 키웠다. 그 안에서 사랑을 만들고, 웃음을 만들고, 좋은 사람을 만들고, 행복한 세상을 만들었다. 자연히 시가 탄생했다. 쓰고 또 썼다. 시집을 한 권, 두 권 출간하면서 내 모습과 생각들이 환하게 바뀌어 갔다. 아름다운 말들과 아름다운 사람들 안에 내가 있었다. 명색이 시인이라는 사람이 사람들을 위한 시를 쓰는 것이 아니라 자기만을 위한 시집을 내는 것은 무척 이기적인 일이지만, 어쩔 수 없었다. 어떡하든 나는 살고 봐야 하니까, 나는 살아내야만 하니까.

98년 1월에 출간한 네 번째 시집을 문득 꺼내어보니 감회가 새롭다. 세월이 약이라더니, 많은 시간이 흘러서 대견하게 서 있는 지금의 모습이 가상하고 예쁘다. 곪아 터지기 직전의 삶 속에서 미워하고 원망하는 사람을 억지로라도 미워하지 않으려고 고백성사라도 하듯 시집제목을 '그래도 사랑해야 돼'로 정했다. 미워하거나 원망하는 마음 없이 어떡하든 살아내려는 의지를 제목에 담았다. 내 시집임에도 불구하고 애처로운 마음까지 들며 가슴이 아리다. 당시의 심정을 솔직하게 표현한 시작메모가 오히려 시보다 가슴에 와 닿는다.

온통 벽(壁)뿐이었다

아무 생각 없이 가다가 턱없이 머리가 깨지고
얼굴이 찢기고 다리가 부러졌다
척추가 엿가락처럼 휘어져도 열심히
구멍, 하얀 동전 같은 '햇살 구멍' 찾기를
포기하지 않았다 그리 신날 것도 없었지만
포기하는 일 만큼은 늦추지 않았다
해야 한다는 오기만이 무성히 자라나
눈은 더욱 동그랗게 생생 살아나고
끈질긴 투쟁 같은 것들이 엄습해 왔다
벽이 나의 삶 자체였으며
너무나 벅차고 큰것이었다
무식할 만큼 강해질 수밖에 없었다
살아내기 위해서
(아주
깊은 적막감, 온통 검은 것들
삭막한 바람, 매일 겨울 같은 땅에서
오도커니 홀로 서서 말없이
눈물만 뚝뚝 흘리는
작은 여자 아이의
영혼, 지켜보듯)
슬픔들로 짓이겨
더 이상 아프다고 소릴 지를 수도 없어

죽음의 유혹의 문턱에서
수없이 살아낸 내가 예쁘다
살아서 눈을 뜨고 있다는 것
사랑할 희망을 매일 꿈꾸는 것
날 닮은 시를
언제든지 쓸 수 있다는 것들이
작고 초라할지라도 내가 예뻐
나는
나를 사랑하지, 사랑하지

이 시집은 하루하루 살아내는 일이 너무 힘들고 고통스러워서 어떻게든 살아보기 위해 낸 시집이다. 큰딸이 편집 일을 배워서 직접 편집하고, 종잇값만 지불하고 300권만 찍었다. 나와 아픔을 공유할 사람한테 200권을 나눠주고 100권은 소장본으로 남겼는데 그것도 대부분 없어지고 지금은 몇 권만 남아 있다.

나만을 위한 시집을 내는 게 안 될 일은 아니다. 내 시집을 받은 사람들과 아픔을 함께하는 시간을 가지며 진심은 한 통로로 열리게 되어 있다는 것도 그 때 알았다. 사람 살아가는 세상에서 내 시집이 단 한 사람 혹은 나를 살릴 수 있는 통로가 되면 좋겠다는 생각도 감히 해보았다.

'어쩌면 이렇게 내가 하고 싶은 말들을 표현하셨어요? 우리는 어려운 글,

시 잘 몰라요. 고마워요' 라고 울면서 전화를 한 아주머니, 딸기 쨈을 정성 껏 만들어 와서 동네 전철역에서 기다리던 아주머니, 받침이 많이 틀렸지 만 고맙다는 편지를 보내 온 50대 아저씨… 이 분들을 나는 모른다. 아는 식당 주인이 10권만 사겠다고 해서 그냥 주었다. 시가 난해하고 멋진 단어 들로 씌어진 게 아니어서 마음에 금방 와 닿았다고 했다. 시를 모르는 사람 들을 위해서 앞으로도 쉽게 써달라는 당부도 빠트리지 않고 해왔다. 어려 운 시어들은 시인만을 혹은 특정인을 위한 시일 뿐, 시를 잘 모르는 사람들 에게는 시가 무섭다는 느낌을 준다는 말도 했다.

보기에는 화려해 보이고 평탄하게 잘 살아 온 것 같지만 한때 죽고 싶도록 어렵고 고통스러울 때가 있었노라는 고백을 함으로써 힘든 사람들에게 동 질감을 얻게 했음을 느끼게 된 시집이다.

이제는 자신 있게, 당당하게 말할 수 있다.

'삶이라는 것이 요술 부리듯 착착 잘 풀린다면 무슨 재미로 살겠어요? 때 론 구불구불한 길을 걷는 것도 비를 맞는 일도, 힘든 일을 해결해 가는 묘 미도 쏠쏠하답니다. 어둠이 있어야 밝음이 있듯이 한때의 고통은 앞으로 살아가는 데 큰 도움이 됩니다, 라고.

길가에 나뒹구는 돌멩이도 제각기 다른데 하물며 사람들 생김새야. 직업도 생각도 행동도 다 다르다. 상대방이 나와 다르다고 해서 그 사람의 인격이나 보이는 면을 함부로 판단해서는 안 된다.

오늘 어떤 행사에 초대받아 갔었다. 초대라기보다는 주위 사람들에 의해 반강제로 끌려갔다고 하는 편이 맞을지도 모르겠다. 행사는 주인공의 칠순 잔치 겸, 칠십 평생 살아오신 생을 정리하는 의미도 함께 포함되어 있었다. 그 분의 발자취를 보면서 참 잘 살아 오셨구나, 싶었다. 내가 그 분에 대해 미처 알지 못했던 부분들이 이해가 되고 가슴에 와 닿았기 때문이었다.

그 분과 나는 공식적인 자리에서 만나면 가벼운 목례만 나누는 정도였다. 직업상 진한 화장으로 포장된 모습이 그 분의 이미지를 대변하고 있었고, 사람들이 표현하듯 약간은 '설치는' 성격의 소유자라는 느낌도 받았다. 그

분과는 단 1분도 대화한 적이 없었기에 주위 사람들의 지나가는 말이 내 머릿속에 박혀 버렸나 보았다.

행사를 지켜보면서, 그 동안 수박 겉핥기처럼 그 분을 평가하고 있었던 것이 미안해졌다. 나 역시 사람들로부터 괜히 미움을 받거나 얼굴만 알 정도인 일부 사람들의 못된 입방아로 마음고생을 한 적이 있다. 오늘 그 분을 조금 알게 되면서, 알려고 애쓰지도 않고 마음속으로지만 어설프게 판단했었던 부끄러움을 깊이 반성했다.

그 분이 걸어 온 발자취를 점자처럼 찍은 책 속에서, 오히려 진한 화장 안에 자리하고 있는 맑은 신심이 내 눈 안으로 투영되기 시작했다. 남의 눈, 남의 말에 흔들리지 않고 꿋꿋하게 열심히 살아 왔을 그 분에 대한 감동이 전율처럼 전해져 왔다. 인생 공부 더 많이 해야겠다는 것을 절실히 느끼며 반성하는 뜻깊은 시간이기도 했다.

사람들은 쉽게, 상대방의 모습이나 옷차림을 보고 겉으로 보이는 것이 인격의 바로미터인 양 상대의 인격을 판단한다. 새겨 보고 돌아보면서 폭넓게 사람을 읽어낼 줄 아는 지혜를 얻도록 공부해야겠다는 것이, 오늘 그 분을 만나고서 얻은 지혜이다.

(2006. 11. 29)

해도 해도 모자라는 것

　　　　아무리 많이 배운 사람도 인생을 오래 산 어른들의 체험이나 경험을 학교에서도 배워 알 수는 없다. 이는 몸으로 터득한 지식이 아니라 지혜이기 때문이다.

나는 TV를 잘 안 보는 편이다. 우연히 전원을 켰다가 괜찮다 싶으면 그냥 본다. 가장 즐겨보는 프로그램은 다큐멘터리나 동물의 세계 정도이며, 기독교방송이나 불교방송에서 목사님, 스님의 설교를 많이 본다.

늦은 밤 불교채널에서 스님들의 설법을 많이 방영해 주므로 잠 안 오는 밤이면 편하게 듣는다. 몇 년 동안 불교를 접하면서 느낀 점은 꿈을 지나치게 크게 꾸지 않게 한다는 점이다. 마음이 불편할 때마다 상황에 맞는 경전 말씀을 찾아 현실적으로 적용하면 마음이 편하다.

예를 들자면 화가 났을 때 '아, 무슨 경에, 무슨 책에 어떤 말씀이 있었지, 어떤 스님이 이렇게 말씀하셨더랬지, 그래, 참자.' 하면서 손가락을 꼽던지 숫자를 세면서 눈을 감고 있으면 자신을 다스릴 줄 아는 지혜가 얻어진다. 간혹 나와는 아무 상관없는 어떤 사람이 나에 대해 별로 좋지 않게 말하는 것을 듣게 되더라도 예전에는 화가 나 속이 부글부글 끓어 전화를 걸거나 찾아가 따졌는데 지금은 '내가 전생에 그 사람에게 무슨 죄를 졌었나 보다.' 라는 생각을 먼저 하게 된다. 너무 심하다 싶으면 하늘의 뜻에 맡겨버린다. '인과응보'를 믿으면 마음이 편하다.

언제부터인지 명상하는 버릇이 생겨 언제 어디서든 쉽게 명상에 들어간다. 잠시 동안이긴 하지만 명상을 통해 예전과 다른 나를 발견할 수 있음은 성인의 말씀이 알게 모르게 물처럼 스미어 가슴속에 들어온 때문이다.

명상하는 순간마저 깊이 생각에 잠기기는커녕 성질만 부렸었다. 나 자신을 사랑할 줄 알고 다스릴 줄 알아야 남도 사랑할 줄 알게 되는 법칙을 미처 깨닫지 못하고 있었다. 합리화하는 변명만 늘어놓았던 것 같다.

내 나이 즈음엔 인생의 절반 정도는 깨달아 지혜가 생긴 거겠지만, 한지에 먹물 스며들듯 삶의 이치들이 가슴속에 쏙쏙 스며들어 그저 감사할 뿐이다. 비 온 뒤의 땅이 굳어지듯 나의 땅이 단단히 굳어져 가는 것을 느낀다. 화낼 일도 조금만 참으면 되고, 짜증나는 일도 잠깐의 명상으로 감사하는 마음으로 바꾸게 되고, 외롭고 쓸쓸한 일도 조금만 돌아보면 나보다 힘든 사람이 더 많다는 걸 알게 되어 짜증내고 있는 시간이 아까워진다.

찰나가 모여 시간을 만들고 시간은 긴 날들을 이어가지만 가고나면 영원히 돌아올 수 없는 수증기와 같다. 그러므로 한 순간도 귀중하다. 그래서 그런지 몇 년 전부터 만나는 사람마다 나를 보면서 편안해 보인다, 보기에 참 넉넉하다, 잘 웃는다고들 한다.

6~7년 전에는 한 번 시작되면 3개월 이상도 가는 불면에 시달렸다. 3개월 동안 잠 잔 시간을 합해도 일주일도 되지 않을 것이다. 그나마도 수면제를 복용하고 억지로 잔 잠이다. 잠 못 자는 고통은 겪어 본 사람만이 알 수 있다. 식빵 구워 놓은 것처럼 파삭한 얼굴에다 기운이 없으니 매사 짜증나고 죽고 싶은 생각만 들고 세상이 온통 노랗게 보였다. 밤이 무섭고 살아 있다는 자체가 지옥이었다.

불교를 접하면서 가진 것 다 버리라는 설법을 듣고 마음 연습을 계속했더니 점차 달라졌다. 지금은 방바닥에 머리를 대기 무섭게 숙면에 들어간다. 내 몸이 편해야만 삶이 즐거워지고, 즐거워야 내가 사는 삶이 행복하다는 생각이 들겠다 싶었다. 마음을 버리는 연습을 하다 보니 세상에 존재하는 물건에 욕심을 내지 않아서 좋다. 내가 가진 것만도 죽을 때까지 다 쓰지 못할 텐데 굳이 다른 것을 탐할 필요가 있을까? 모든 것은 집착에서 시작된다. 집착은 사람 마음을 옥죈다. 결과는 뻔하다. 평생을 해도 해도 모자라는 공부가 인생 공부가 아닌가 싶다. (2005. 8)

행복 꽃밭

예전에는 행복이 별다른 건줄 알았다. 그런데 한 해 한 해 나이를 먹으며 느끼는 행복은 지극히 작고, 파장이 아주 짧지만 한 알의 씨앗 같다는 것을 알겠다. 작은 한 알의 씨앗이 가슴 밭에 심어져 자라나 꽃을 피우듯이, 마음 먹기에 따라 행복의 꽃이 시들어 죽기도 하고 싱싱하게 살아 향기를 뿜기도 하는 것이라면, 행복은 마음 먹기 나름이라는 진리를 깨닫는 순간부터 비로소 진짜 인생을 배우는 것이리라.

좋은 사람과 한 끼의 식사를 했을 때 이 세상 어느 식사보다 성찬이 되며, 좋은 그림을 접했을 때, 좋은 글을 읽게 되었을 때, 가슴속에 스며드는 노래를 만났을 때, 맑은 햇빛을 쬐일 때, 푸른 하늘을 바라보며 가슴이 저절로 푸르러짐을 느낄 때, 짙푸른 잎 풍성한 나무 아래 앉아 가슴마저 풍성해짐을 느낄 때, 물감으로도 표현할 수 없는 고운 색깔의 꽃들을 대할 때, 작은 빗방울이 유리창에 톡톡 튀는 것을 바라볼 때, 좋은 연극이나 영화를 보고 감동이 오래도록 갈 때, 웃기는 장면을 보고 눈물이 나도록 웃을 때, 약간의 알코올로 기분이 날아갈 듯 세상을 내 것인 양 느낄 때, 부르고 싶은 노래를 큰 소리로 신나게 불렀을 때의 포만감… 이렇게 찾아보고 열거해 보면 감사할 조건들이 너무나 많고 이런 것들이 행복이란 것을 아는 사람들이 얼마나 될까 싶어진다. 모두 행복꽃밭에서 피어난 꽃들이 아닐까.

행복을 주는 것들이 많음을 알게 될 때는 자신을 되돌아볼 나이가 되었다고 한다. 그러하니 사람이 사는 세상은 공짜가 없다. 자신을 행복하게 하는 기억은 무수한 시간에 무수한 투자를 한 결과라는 것을 알게 된다. 그러니 나이 먹은 것에 대해 그리 서러워할 것도 슬퍼할 것도 쓸쓸해할 일도 전혀 없다.

작은 것에서 감사할 줄 아는 마음, 기쁨이라는 크기에 기대를 하지 않는 마음, 상대방의 마음을 헤아릴 줄 아는 배려, 무슨 일이든지 함부로 판단하지 않는 것 등 작은 일상들이 씨앗이 되어 꽃을 피우게 된다. 그것을 알게 되면 즐거움은 배가되어 사는 일이 외롭다거나 쓸쓸해서 우울증에 걸릴 일이 없다.

나이는 시간이 흐를수록 빨리 흐른다고 한다. 빠르게 흐르는 시간을 그리 서글퍼할 필요가 없는 것은, 시간이 흘러 삶의 진가를 아는 자신을 마주할 수 있기 때문이다. 그 기회는 누구에게나 평등하게 주어진다. 누구나 똑같은 길을 가는데 무어 그리 서럽겠는가. 무책임하게 시간을 마구 써 버린 것에 대한 책임을 본인 스스로가 지면 될 일이다.

나이를 먹는다는 것은 넉넉해진다는 것이며, 넉넉해지는 마음 그릇에 행복이라는 음식이 담기는 것이다. 이것 역시 본인 하기 나름이다. 나이 곱게 먹었다 싶은 사람을 보면 울창한 고목을 연상하게 된다. 고목일수록 그 나무가 가지고 있는 묵직함, 든든함, 신뢰감, 편안함 등이 주는 메시지를 통해 배울 점이 많다. 쭈글쭈글해진 나무의 껍질을 보는 것은 불행한 일이다.

혹여 이 글을 읽는 사람들 일부는 당신이야말로 나이 먹는 것을 피해 가고 싶은 심리에서 이런 글을 쓰는 것이 아니냐고 반응할 수도 있겠다. 사람마다 다른 생각의 차이니까 뭐라고 할 수는 없다. 그렇다고 늙음에 대한 예찬론도 아니다. 어차피 누구에게나 주어진 늙음이라면 멋지게 늙어가자는 말이다.

공기처럼, 잘 보이지도 않고 손에 잡히지도 않는 행복이 안 온다고, 안 잡힌다고 불평하지 말고, 편안하게 가슴으로 혹은 마음으로 느끼면 오게 된다고 생각해 보자, 스스로에게 최면을 걸자. 그렇게 길들이다보면 저절로 행복이 온다는 게 나의 편견이다.

나이 들면서 사는 맛을 느낀다. 작지만 짙게, 짧지만 강하게 피부로 가슴으로 느낀다. 행복은 느끼기에 따라 몇 번, 수십 번, 혹은 수천 번 오는 것을 알 수 있다. 공기 속에 먼지로 오기도 하고 혹은 검은 맨드라미 씨앗처럼 가슴 한켠에 콕콕 심기며 시로 여물어 오기도 한다. 찰나로 머물다 가지만 찰나가 퍼뜨릴 수 있는 씨앗은 참으로 엄청나다. 민들레 풀씨처럼 사방팔방으로 퍼진다. 찰나는 살아 있는 동안 덤으로 온다. 그것을 행복으로 느끼느냐 못 느끼느냐의 차이일 뿐이다.

어느 날, 세탁기를 돌리다가 문득 행복이라는 게 하이타이 알갱이 같다는 생각이 들었다. 알갱이들이 물과 함께 녹아서 옷들을 깨끗하게 해주는 것처럼.

행복 꽃밭은 자기 스스로 만들어 가는 것이므로 물도 주고 사랑도 줘야 한다. 햇빛 잘 받게끔 가끔 그늘을 치워 주기도 하며 그 꽃밭에 앉아 내 자신도 꽃이 되어 함께 노래 부르며 어울리면 된다.

(2003. 5)

푼수가 그리운 시대

1판 1쇄 인쇄 2008년 5월 20일
1판 1쇄 발행 2008년 5월 24일

지은이_김하리
펴낸이_김용성
펴낸곳_갑을패
주소_서울시 동대문구 이문 2동 346-41 영일빌딩 2층(130-831)
전화_02-962-9154│팩스_02-962-9156
홈페이지_http//www.LnBpress.com│전자우편_lawnbook@hanmail.net
출판등록_2003년 8월 19일

ISBN 978-89-91622-15-9 03040

책값은 뒤표지에 있습니다.